Hesse / Schrader

Das erfolgreiche Vorstellungsgespräch

Wie Sie beeindrucken, überzeugen, gewinnen

Eichborn.

Die Autoren

Jürgen Hesse, Jg. 1951, Diplompsychologe im Büro für Berufsstrategie, Geschäftsführer der Telefonseelsorge Berlin e.V.
Hans Christian Schrader, Jg. 1952, Diplompsychologe im Klinikum »Am Urban«, Berlin.

Diverse gemeinsame Veröffentlichungen, u.a.: *Die überzeugende schriftliche Bewerbung*; *Die perfekte Bewerbungsmappe*; *Optimale Bewerbungsunterlagen*: *Strategien für die Karriere; Testtraining 2000 plus*; *Neue Bewerbungsstrategien für Hochschulabsolventen*; Handbuch Initiativbewerbung; *Assessment Center*; *Die Neurosen der Chefs; Mehr Geld durch erfolgreiche Gehaltsverhandlungen* (alle im Eichborn Verlag).

Anschrift der Autoren
Hesse/Schrader
Büro für Berufsstrategie
Oranienburger Straße 4-5
10178 Berlin
Tel. 0 30 / 28 88 57-0
Fax 0 30 / 28 88 57-36
www.berufsstrategie.de

4 5 6 06 05 04

Umschlaggestaltung: Christina Hucke
Lektorat: Waltraud Berz / Ulrike Streubel
Gesamtherstellung: Fuldaer Verlagsagentur, Fulda
ISBN 3-8218-3803-5

Verlagsverzeichnis schickt gern:
Eichborn Verlag, Kaiserstraße 66, D-60329 Frankfurt am Main
www.eichborn.de

Hesse/Schrader

Das erfolgreiche Vorstellungsgespräch

Inhalt

Fastreader

Übersicht für eilige Leser

Herzlichen Glückwunsch! Sie halten das aktuelle Spezialwissen zur perfekten Vorbereitung auf ein Vorstellungsgespräch in der Hand. Hier lernen Sie, zu beeindrucken, zu überzeugen und zu gewinnen, erfahren die Essentials, die Ihre Bewerbung erfolgreich werden lassen.

Wir zeigen anhand des kompletten von Arbeitgeberseite verwendeten Fragenkatalogs, worauf es wirklich ankommt, und geben Ihnen konkrete Orientierungs- und Bewältigungshilfen.

Die zentralen Themen:

- Die zehn Phasen des Vorstellungsgesprächs,
- die von Arbeitgebern verwendeten Fragen, Hintergrund der Fragen, Hinweise für die Antwort,
- Gehaltsverhandlung,
- Umgang mit unangenehmen Fragen,
- wichtige Aspekte zur Rhetorik und Psychologie der Gesprächsführung.

Oder wüßten Sie auf folgende Fragen spontan das Richtige zu antworten?

- Was spricht gegen Sie als BewerberIn für diesen Arbeitsplatz?
- Was war Ihr größter Mißerfolg?
- Was müssen Sie noch alles lernen?
- Was sind Ihrer Meinung nach die größten Mißstände in der Welt, in unserem Land, in Ihrer Stadt, in Ihrer jetzigen Firma?

Mit diesem Bewerbungsratgeber schlagen Sie den Interviewer und Arbeitsplatzvergeber mit seinen eigenen Waffen.

Fazit: Sie werden besser vorbereitet sein als Ihr Gegenüber.

Überblick

Alle Fragen im Vorstellungsgespräch

Dieser Fragenkatalog deckt 98% der potentiellen Fragen ab, mit denen Sie im Vorstellungsgespräch konfrontiert werden können. Sicherlich kann der Wortlaut modifiziert werden, aber kaum der abgefragte Inhalt. Eine optimale Vorbereitungschance. Erläuterungen zum jeweiligen Fragehintergrund und Hinweise auf Antwortstrategien finden Sie ab S. 51.

- Wie ist es eigentlich zu Ihrer Bewerbung als ... bei unserem Unternehmen/unserer Institution gekommen?
- Was reizt Sie an dieser Aufgabe/Position?
- Warum wollen Sie gerade bei uns, in unserem Unternehmen/unserer Institution arbeiten?
- Wie gut kennen Sie unsere Produkte/Dienstleistungen etc.?
- Warum haben Sie vor, den Arbeitsplatz zu wechseln?
- Weshalb wollen Sie Ihre jetzige Tätigkeit/Position aufgeben?
- Warum haben Sie in Ihrer jetzigen Firma/Institution keine Aufstiegschancen?
- Was sind die Gründe für Ihre Unzufriedenheit?
- Was reizt Sie an der neuen Aufgabe?
- Was erwarten Sie speziell von uns, was erhoffen Sie sich?
- Üben Sie Ihre jetzige berufliche Tätigkeit gerne aus?
- Was hat Ihnen bisher an Ihrer Aufgabe/Position gefallen, was mißfallen, und warum?
- Was, glauben Sie, ist bei uns anders?
- Wie gut kennen Sie uns bereits, unsere ... (z. B. Produktion/ Marktposition / Dienstleistungen usw.)?
- Wie stellen Sie sich Ihre Tätigkeit bei uns vor?
- Haben Sie einen besonderen persönlichen Bezug zu unserem Unternehmen?
- Kennen Sie Mitarbeiter aus unserem Haus?

- Was haben diese Ihnen denn so alles über uns erzählt?
- Haben Sie zur Zeit noch andere Bewerbungsverfahren laufen?
- Gibt es schon konkrete Verhandlungen bzw. Ergebnisse?
- Was bewog Sie damals — im Jahre 19XX und dann 19XX — den Arbeitsplatz zu wechseln?
- Was hat für Sie Priorität bei Ihrer Arbeit?
- Wie stellen Sie sich im Idealfall Ihre Arbeit, Aufgaben vor?
- Was sind – aus Ihrer Sicht – die Vor- und Nachteile der von uns angebotenen Position, und wie wollen Sie damit umgehen?
- Auf welche Ihrer beruflichen Leistungen und Erfolge sind Sie besonders stolz?
- Und jetzt zu Ihren Mißerfolgen . . .
- Wie sehen Sie Ihre Zukunft?
- Was sind Ihre Ziele?
- Was möchten Sie in drei und was in fünf Jahren erreicht haben?
- Wie verlief Ihr bisheriger Berufsweg?
- Aus welchen Gründen haben Sie sich für den Beruf / die Branche / die Arbeitsplätze X, Y und Z entschieden?
- Und warum jetzt für diese neue Position in unserem Haus?
- Berichten Sie uns etwas über die wichtigsten Aspekte Ihrer bisherigen Tätigkeiten.
- Was sind z.Z. Ihre konkreten Arbeitsaufgaben?
- Was machen Sie davon gerne, was ungerne?
- Schildern Sie einmal den Ablauf eines typischen Arbeitstages.
- Warum haben Sie Ihren Arbeitgeber öfter bzw. selten gewechselt?
- An welchen Fortbildungsmaßnahmen haben Sie teilgenommen? Wer hat diese initiiert?
- Was zeichnet Ihrer Meinung nach einen guten Vorgesetzten aus?
- Was einen guten Mitarbeiter?
- Jetzt diese beiden Fragen mit umgekehrten Vorzeichen – »schlechten« Vorgesetzten ... usw.
- Was schätzen Sie an Ihren Arbeitskollegen/Vorgesetzten – was nicht?
- Fühlen Sie sich in Ihren beruflichen Leistungen von Ihren früheren Vorgesetzten angemessen beurteilt?

- Was würden Sie gern an Ihrem jetzigen Arbeitsplatz verändern, wenn Sie Veränderungen durchführen könnten, wie Sie wollen?
- Was war bisher Ihr schlimmstes, unangenehmstes (Arbeits-)Erlebnis?
- Wir wollen Sie gerne kennenlernen, erzählen Sie uns etwas über sich.
- Wie würden Sie sich kurz charakterisieren?
- Was sind Ihre Stärken, was Ihre Schwächen?
- Was ist Ihr größter Erfolg/Mißerfolg (beruflich/privat)?
- Was war bisher in Ihrem Leben Ihr schlimmstes Erlebnis?
- Was schätzen Sie generell an anderen Menschen, was nicht (Arbeitskollegen/Vorgesetzte/Freunde/Bekannte)?
- Haben Sie Leitbilder?
- Warum sollten wir gerade Sie einstellen?
- Wir wollen Sie als Mensch kennenlernen. Was machen Sie neben Ihrer Berufstätigkeit?
- Welche Interessen, welche Hobbys haben Sie?
- Welche Sportarten betreiben Sie?
- Was bedeutet Teamarbeit für Sie?
- Mit welchen Menschen arbeiten Sie gern/ungern zusammen?
- Hatten Sie schon mal Schwierigkeiten mit Vorgesetzten und/oder Kollegen?
- Wenn ja: Mit wem? Warum? Wie sind Sie damit umgegangen? Was haben Sie daraus gelernt?
- Worüber können Sie sich so richtig ärgern?
- Was macht Sie wütend?
- Was bereitet Ihnen Sorgen?
- Wie gehen Sie mit Kritik um?
- Was sind Ihre ganz persönlichen Lebensziele?
- Was möchten Sie persönlich für sich in naher/ferner Zukunft erreichen?
- Was sind Ihrer Meinung nach die größten Mißstände …
  - in der Welt
  - in unserem Land
  - in Ihrer Heimatstadt
  - in dem Unternehmen, in dem Sie z. Z. arbeiten?

- Wie sieht Ihre aktuelle Lebenssituation aus?
- Stellen Sie uns doch bitte mal Ihre Familie vor.
- Was macht Ihre Frau / Ihr Mann beruflich, und wo?
- Was sagt Ihr Lebenspartner zu Ihren Plänen? Gibt es da evtl. Probleme? (Umzug/Arbeitszeiten etc.)
- Gibt es Bereiche, in denen Sie sich besonders engagieren?
- Mit welchen Menschen sind Sie gerne zusammen, und was verbindet Sie mit diesen?
- Waren Sie schon mal ernstlich erkrankt?
- Bestehen bei Ihnen gesundheitliche Einschränkungen mit beruflichen Auswirkungen?
- Gab es Krankenhausaufenthalte/Unfälle, leiden Sie an Allergien?
- Waren Sie im letzten Jahr mehr als zweimal beim Arzt?
- Haben Sie einen Hausarzt?
- Wie gut kennen Sie sich in unserer Branche, in unserem Metier aus?
- Wie schätzen Sie die aktuelle (zukünftige) Marktsituation ein?
- Kennen Sie ... (dieses Verfahren, die Person, die Diskussion um etc.)?
- Was ist Ihre Meinung über ...?
- Wie beurteilen Sie ...?
- Was würden Sie machen, wenn ...?
- Welche Publikation (Fachbuch/Artikel) aus Ihrem Arbeitsgebiet hat Sie in der letzten Zeit besonders beschäftigt?
- Welche Fachzeitschriften haben Sie abonniert, lesen Sie regelmäßig?
- Welche Kongresse, Fachtagungen, Weiterbildungen etc. haben Sie in der letzten Zeit besucht?
- Auf welchem Sektor lag Ihr Ausbildungsschwerpunkt, und wie kam es dazu?
- Was würden Sie als Ihren aktuellen, spezifischen Arbeitsschwerpunkt bezeichnen?
- Was schätzen Sie: Wie lange brauchen Sie, um sich bei uns in Ihr neues Aufgabengebiet einzuarbeiten?
- Auf welchem Gebiet haben Sie noch größere Defizite, und was gedenken Sie dagegen zu tun?

- Können Sie uns noch einmal verdeutlichen: Was spricht für und was gegen Sie als unser Kandidat?
- Warum sollten wir gerade Sie einstellen?
- Was machen Sie, wenn Sie den Arbeitsplatz bei uns nicht bekommen, wenn wir uns für einen anderen Bewerber entscheiden?
- Welche Gehaltsvorstellung haben Sie?
- Wie hoch sind Ihre aktuellen Bezüge?
- Wann könnten Sie bei uns anfangen?
- Wenn wir uns für Sie entscheiden, brauchen wir Sie sofort. Ist das möglich?
- Warum sollten wir gerade Ihnen den Arbeitsplatz geben?
- Können Sie bitte noch einmal kurz zusammenfassen, was Ihre Stärken, aber auch Ihre Schwächen sind?
- Was sind Ihre Fragen an uns?

Fragen an Azubis

- Warum bewerben Sie sich für den Beruf (der/des ... / die Ausbildung für ...? (Die wichtigste Frage im ganzen Gespräch!)
- Wie sind Sie darauf gekommen, und seit wann interessieren Sie sich für diesen Beruf?
- Welche Vor- und Nachteile sehen Sie an diesem Beruf?
- In welchen Schulfächern haben Sie gute und in welchen schlechte Noten, und warum?
- Wie sind Sie mit Lehrern und Mitschülern ausgekommen?
- Wie sehen Ihre bisherigen praktischen Erfahrungen aus?
- Haben Sie einen Freund/eine Freundin? Wollen Sie heiraten?
- Welche tagespolitischen Ereignisse beschäftigen Sie?
- Wie könnte man die Arbeitslosigkeit abbauen?
- Wie stehen Sie zum Problem der Atomenergie?

Fragen an Arbeitslose

- Wie kam es zu der Arbeitslosigkeit?
- Wie lange dauert diese Arbeitslosigkeit bereits an? Wie oft haben Sie sich schon erfolglos beworben?

- Was haben Sie zwischenzeitlich gemacht?
- Sind Sie förderungsberechtigt durch das Arbeitsamt?
- Trauen Sie sich die Aufgabe wirklich zu?

Fragen an Führungskräfte

- Was bedeutet Mitarbeiterführung?
- Wie definieren Sie die Hauptaufgaben einer Führungskraft?
- Welchen Führungsstil bevorzugen Sie?
- Was schätzen Sie: Wie lange brauchen Sie zur Einarbeitung in Ihr neues Arbeitsgebiet bei uns?
- Auf welchem Gebiet haben Sie noch größere Defizite, und was gedenken Sie dagegen zu tun?
- Was sind Ihre ganz persönlichen Lebensziele?
- Was möchten Sie persönlich für sich in naher/ferner Zukunft erreichen?
- Zurück in die Gegenwart: Welche Eigenschaften sollte Ihr potentieller Nachfolger für Ihren alten Arbeitsplatz haben?
- Ganz allgemein: Welche Eigenschaften sollte Ihr Stellvertreter haben?
- Was zeichnet Ihrer Meinung nach eine gute Führungskraft aus?
- Was einen guten Vorgesetzten?
- Was einen guten Mitarbeiter?
- Was schätzen Sie an Ihren Arbeitskollegen/Vorgesetzten – was nicht?
- Worin unterscheiden Sie sich Ihrer Meinung nach von Ihrem jetzigen Vorgesetzten?

Fragen an Frauen

- Warum sollten wir uns gerade für Sie entscheiden?
- Was sagt denn Ihre Familie dazu (Partner/Kinder, so Sie welche haben)?
- Wie regeln Sie das mit den Kindern (sofern Sie welche haben, die noch zu versorgen sind) ...? Oder den Haushalt ...?
- Wie stellen Sie sich Ihre Zukunft vor?
- Wie sieht Ihre Lebensplanung aus?
- Familie oder Beruf? Wie kommt's, wie ist's, wie geht's bei Ihnen ...?
- Erzählen Sie etwas über Ihre aktuelle Lebenssituation.
- Wie sind Ihre Kinder versorgt, während Sie arbeiten?

- Wie sieht Ihre Familienplanung aus?
- Was sagt Ihr Lebenspartner zu Ihren Plänen?
- Wie können Sie Beruf und Familie miteinander vereinbaren?
- Wollen Sie sich wirklich beruflich engagieren, oder ...?
- Sind Ihre Kinder öfter krank?

Die 11 wichtigsten Fragen

1. Erzählen Sie uns etwas über sich.
2. Warum bewerben Sie sich für diese Position?
3. Warum sind Sie der/die richtige Kandidat/in?
4. Was erwarten Sie für sich / von uns / dem Job?
5. Was sind Ihre Stärken/Schwächen?
6. Worauf sind Sie stolz, was sind Ihre Erfolge/Mißerfolge?
7. Was möchten Sie in 3/5/10 Jahren erreicht haben?
8. Warum haben Sie diesen Beruf gewählt?
9. Wo liegen Ihre Arbeitsschwerpunkte?
10. Wie verbringen Sie Ihre Freizeit?
11. Welche Fragen haben Sie an uns?

Die Vorstellung

Vorhang auf

Willkommen – bienvenue – welcome! Haben Sie bei diesen Worten auch die Melodie aus dem Film Cabaret im Ohr?

Die Vorstellung beginnt, nehmen Sie schnell Platz! Es war bereits Shakespeares Idee, daß die Welt eine Bühne ist und wir alle nur Schauspieler sind.

So gesehen stellt auch das Vorstellungsgespräch eine Art Schauspiel dar – das Wort *Vorstellung* ist ja auch bereits darin enthalten. Aber keine Angst, wir sind weit davon entfernt, Ihnen jetzt zu empfehlen, im Vorstellungsgespräch wie ein Schauspieler aufzutreten, denn selbstverständlich will das niemand. Jeder will um seiner selbst willen geliebt und anerkannt werden und nicht wegen einer Rolle, die sie/er nur spielt. Und doch wissen wir alle um die Notwendigkeit einer »Ver«-Kleidung sowie einer gewissen Verstellung in Richtung »Artigkeit« oder Diplomatie, alles im Rahmen des Prüfungs- und Anpassungsrituals *Vorstellungsgespräch.*

Was aber sind die entscheidenden Weichensteller, die Essentials im Vorstellungsgespräch wie im Bewerbungsvorhaben ganz allgemein? Also warum bekommt jemand den Job und mehrere andere Kandidaten eben nicht?

Ganz kurz auf den Punkt gebracht: Persönlichkeit, Leistungsmotivation und Kompetenz sind die Schlüsselwörter und Weichensteller. Benötigen werden Sie aber auch diese vier Bausteine einer erfolgreichen Bewerbungsstrategie im Vorstellungsgespräch:

1. Fähigkeiten erkennen
2. Selbstvertrauen entwickeln
3. Bewußtsein bilden
4. Unterstützung erhalten

1. Fähigkeiten: Sie müssen den potentiellen Arbeitgeber von Ihrer Leistungsfähigkeit überzeugen. Mehr als alles andere interessiert ihn, welchen Gewinn es *ihm* bringen wird, wenn er *Sie* einstellt. Seien Sie also vor allem auf die Frage: »Was können Sie für mich, für das Unternehmen tun?« vorbereitet. Ziehen Sie deshalb unbedingt vorab eine Bilanz Ihrer Fähigkeiten und Stärken, und fragen Sie sich, welche Eigenschaften Sie wirklich für die angestrebte Stelle qualifizieren.

Wenn Sie bereits mehrere Jahre erfolgreich in einem Unternehmen gearbeitet haben, sollte es einfach für Sie sein, Ihr Können in Worte – oder besser noch in Zahlen – zu fassen. Beeindruckender als Vokabeln wie »leistungsfähig«, »motiviert« und »belastbar«, die zwar großartig klingen, aber wenig aussagen, sind konkrete Ergebnisse. Ist es Ihnen beispielsweise gelungen, den Umsatz Ihrer Abteilung im Laufe von fünf Jahren um 30 % zu steigern, wird das einen Arbeitgeber, für den Sie in Zukunft arbeiten wollen, sehr interessieren.

Falls Sie noch keine Berufserfahrung mitbringen, weil Sie gerade erst eine Ausbildung oder Ihr Studium abgeschlossen haben, fällt es Ihnen womöglich schwerer, Erfolge anzuführen, die den Arbeitgeber neugierig auf Sie machen. Natürlich ist Ihr guter Abschluß eine großartige Leistung, die Sie nur durch Zielstrebigkeit und Leistungswillen erreicht haben. Der Personalchef will jedoch nicht nur wissen, was Sie *gelernt* haben, sondern vor allem, was Sie *können*.

Sie sollten jetzt Antworten auf genau diese Frage finden, damit Sie im Gespräch mit dem Arbeitgeber nicht ins Stottern geraten. Wenn Sie Ihre Schlüsselqualifikationen, Ihre spezifischen Fähigkeiten nicht spontan benennen können – so geht es übrigens den meisten Leuten – müssen Sie sich aber jetzt die Antworten »erarbeiten«.

2. Selbstvertrauen: Im Vorstellungsgespräch ist es unbedingt notwendig, daß Sie dem Arbeitgeber selbstbewußt gegenübertreten können, wobei diese Sicherheit auch durch das Bewußtsein der eigenen Fähigkeiten und Motivation zustande kommt. Bedenken Sie allerdings, daß weder übersteigertes Selbstwertgefühl noch das andere Extrem in Form einer übertriebenen Bescheidenheit auf dem Arbeitsmarkt gefragt sind.

Wenn Sie mit Entscheidungsträgern sprechen, sollten Sie etwas zu bieten haben, denn kein Arbeitgeber hat Lust, seine Zeit zu vergeuden. Sie müssen ihm das Gefühl geben, daß er und sein Unternehmen davon profitieren, wenn er Sie einstellt. Stellen Sie dabei nicht Ihre Person, sondern Ihre Leistungen in den Vordergrund. Das hat nichts mit Bescheidenheit, aber sehr viel mit (Erfolgs-) Intelligenz zu tun.

3. Bewußtsein: Entwickeln Sie Ehrgeiz, den Erfolg potentieller Arbeitgeber zu steigern. Verabschieden Sie sich vom reinen Anspruchsdenken (»Ich will mindestens 2000 € netto, ein 13. Monatsgehalt, abends pünktlich um 17 Uhr gehen, ein modernes Büro ...«). Um ein berühmtes Zitat von John F. Kennedy abzuwandeln: Fragen Sie nicht, was das Unternehmen für Sie tun kann, sondern was *Sie* für das Unternehmen tun können.

Denken Sie nicht (länger): »Arbeit ist das, was ich von neun bis um fünf mache, damit ich genug verdiene. Das Leben findet nach fünf und an den Wochenenden statt.« Die Vorstellung von Arbeit als Zwang und Freizeit als Vergnügen ist immer noch weit verbreitet und geht Hand in Hand mit dem naiven Wunsch, für wenig Arbeit möglichst viel Geld zu bekommen. Daß man mit dieser Einstellung im Berufsalltag weder glücklich noch erfolgreich wird, liegt auf der Hand. Wenn Sie sich jetzt also beruflich neu orientieren, sollten Sie dabei unbedingt Ihre Interessen berücksichtigen, denn sonst wird es Ihnen am nötigen Engagement, dem echten Enthusiasmus fehlen.

Und noch etwas ist sehr wichtig: Für Ihre eigene Person benötigen Sie jetzt eine Art Bewußtseinstraining und mentale Vorbereitung auf das von Ihnen angestrebte Berufsziel. Sie müssen Ihr Wissen um besondere Spezialkenntnisse erweitern, die Ihnen bei der Realisierung Ihres Vorhabens entscheidend helfen werden. Dazu ist eine intensive Auseinandersetzung mit Ihren Vorstellungen, inneren Werteinstellungen und realistischen wie unrealistischen Wünschen unbedingt notwendig. Allzu häufig werden gerade an diesem wichtigen Vorbereitungspunkt wirklich furchtbare, leichtfertige Fehler gemacht, die ein Bewerbungsvorhaben spätestestens in der Phase des Vorstellungsgesprächs stark belasten.

4. Unterstützung von außen: Sie werden bei der Vorbereitung auf ein Vorstellungsgespräch kaum ohne Hilfe und Unterstützung durch andere auskommen. Sie brauchen moralische Unterstützung. Vielleicht kennen Sie ihre Stärken bereits, wissen, daß Sie leistungsfähig und qualifiziert sind. Es hilft, dies auch von anderen zu hören. Sie brauchen Freunde, die sagen, »Du kannst das!«, die Sie aber auch kritisch beobachten.

Intensivieren Sie Kontakte zu denjenigen in Ihrem Bekanntenkreis, die genau wie Sie gerade erfolgversprechend am eigenen beruflichen Ein- oder Aufstieg arbeiten, denn nur hier können Sie mit konstruktiver Hilfe rechnen. Wenn die meisten Ihrer Schul- oder Studienfreunde schon seit Jahren in ihren Wunschberufen arbeiten und Karriere machen, ist das wunderbar – vor allem für Ihre Freunde. Natürlich können diese Freunde Ihnen als Vorbilder dienen oder Ihnen zeigen, was möglich ist und wie es geht. Aber ob Sie das ermutigt ...

Auf Ihre Einstellung kommt es an

Das ist durchaus bewußt doppeldeutig formuliert. Mit diesem Buch möchten wir Sie dabei unterstützen, sich die richtige innere Einstellung für Ihr erfolgreiches Vorstellungsgespräch zu erarbeiten.

Wenn Sie wirklich überzeugt sind, dies oder jenes erreichen bzw. bekommen zu können, sind Sie Ihrem Ziel ganz sicher schon ein Stück näher.

Worum geht es? Es bedarf einer geistigen (neudeutsch: mentalen) Einstimmung und Vorbereitung auf das Vorhaben Vorstellungsgespräch. Es geht dabei um die richtige Einstellung zur Einstellung.

Einmal angenommen, ein Bewerber geht voller Zweifel zum Vorstellungsgespräch, ob er wirklich den angebotenen Arbeitsplatz haben möchte, oder gar mit großer Verunsicherung über die eigene Kompetenz.

Die Wahrscheinlichkeit, daß diesem Bewerber ein Arbeitsplatz angeboten wird, ist sehr gering. Die nicht wirklich vorhandene Motivation und die Mißerfolgserwartung wird auf die eine oder andere Art »rüberkommen« und dem Arbeitsplatzanbieter auffallen. Logisch, daß dieser sich dann für einen anderen Bewerber entscheidet.

Falsch wäre aber auch jetzt der Umkehrschluß, ein Bewerber sei allein schon deshalb erfolgreich, weil er nur ganz fest daran glaubt, genau der

Richtige und kompetenter als jeder andere zu sein. Womöglich erklärt unser Beispiel-Bewerber gleich zu Anfang des Vorstellungsgespräches seinem Gegenüber, es gebe keinen Zweifel daran, daß er der einzig richtige Kandidat sei. Natürlich ist auch dies ein relativ sicherer Weg, sich alle Chancen auf einen Arbeitsplatz zu verbauen.

Und trotzdem: Sie als Bewerber müssen schon von sich, von Ihren Qualitäten und Qualifikationsmerkmalen überzeugt sein. Wer denn zunächst sonst, wenn nicht Sie?

Ihre Mitmenschen spielen natürlich dabei eine nicht zu unterschätzende Rolle. Glaubt man an Sie, an Ihre Fähigkeiten, oder wird Ihnen vermittelt – direkt, offen oder versteckt angedeutet – Sie seien ein Pechvogel, ein Versager (oder ähnliches in leichterer bzw. schwerer Form)?

Eine Bewerbung ist immer auch ein gutes Stück Überzeugungsarbeit. Wer überzeugen will, braucht Kraft – nämlich Überzeugungskraft. Diese muß man zunächst aus sich selbst schöpfen können. Dazu muß sie aber erst mal vorhanden sein. Es bedarf jedoch immer einer gewissen Unterstützung durch Ihre Umgebung.

Wer als Kind ständig gesagt bekam: »Laß das, Finger weg, das kannst du nicht, du bist ein Tolpatsch, Dummkopf« usw., wird später auf seinem »Selbstvertrauens-(Bank)-Konto« eher ein Minus, also ein deutliches Defizit haben und sich folglich schwertun, darauf zurückzugreifen bzw. es vielleicht nur kurzfristig zu »überziehen«.

Anders in dem Fall, wo glückliche Umstände und/oder Personen im rechten Augenblick und Maß bereits in der Kindheit wiederholt signalisierten: »Das schaffst du schon, auch wenn es schwierig ist, wir glauben an dich, du bist o. k., nur weiter so ...« Wenn das so war, wird ein gut gefülltes »Selbstvertrauens-(Bank)-Konto« im Erwachsenenleben (und damit auch bei beruflichen Dingen) zur Verfügung stehen.

Mit diesen Anregungen möchten wir Ihnen, liebe Leserin, lieber Leser, einen Augenblick des »Insichkehrens« empfehlen. Wir wünschen Ihnen für diese erste Vorbereitungsphase eine gute und konstruktive Auseinandersetzung mit sich selbst, aber auch mit Ihnen nahestehenden Menschen in Ihrer unmittelbaren Umgebung. Nehmen Sie sich diese Zeit, und seien Sie geduldig, sowohl mit sich als auch mit Ihrer Umwelt. Eine intensive Auseinandersetzung mit Ihrer inneren Einstellung zu der vor Ihnen liegenden Aufgabe Vorstellungsgespräch wird Ihnen bei diesem wichtigen Vorhaben helfen. Dies gilt übrigens generell für alle wichtigen Unternehmungen in unserem Leben.

Jede Bewerbung ist eine klassische Prüfungssituation mit Chancen und Risiken zugleich: Es geht um Bestätigung oder Abweisung. Das besondere Charakteristikum der Prüfungssituation »Bewerbung« liegt darin, daß die Chance, abgewiesen zu werden, deutlich höher ist als z. B. bei der Prüfungssituation »Ausbildungsabschluß«, bei der doch die meisten eine Bestätigung erfahren dürften.

Dafür ist die potentielle Anzahl der »Versuche«, die man bei »Bewerbungsprüfungen« hat, ungleich viel höher. Worauf kommt es also jetzt an? Auf die richtige Vorbereitung. Um eine Prüfung gut zu überstehen, sollte man ausreichend vorbereitet sein und vorher so umfassend wie möglich wissen, was auf einen zukommt. Das gilt ganz besonders für die Prüfungssituation »Vorstellungsgespräch«.

Das Leben – ein Bewerbungsmarathon

Bewerbungssituationen: Das bedeutet eigentlich immer den Wunsch, willkommen geheißen und angenommen zu werden. Diese Thematik begleitet uns lebenslang. So gesehen befinden wir uns schon im frühesten, embryonalen Stadium unserer Existenz in einer ersten Bewerbungssituation. Auch hier geht es bereits um die Frage: Werde ich (von den Eltern, später von den »Brötchengebern«) angenommen? Entspreche ich den allgemeinen Wünschen (Junge oder Mädchen, angehende Eiskunstläuferin oder Doktor der Medizin in spe? – später: Bin ich der ideale Kandidat für den Job?).

Bewerbungsherausforderungen begleiten uns seit der frühesten Kindheit. Die Qualität des Gedichtaufsagens vor der Autoritätsfigur Weihnachtsmann scheint eine Auswirkung auf die Verteilung der Geschenke zu haben, und Kindergarten- und Schulbesuch sind klassische Bewerbungssituationen für »den Neuen«.

Auch bei der Partnersuche und -auswahl geht es um nichts anderes als um typische Bewerbungssituationen (Kleidung, Auftreten, wissen, was man sagt). Die klassische Korrespondenz, die Liebesbriefe sind durchaus vergleichbar mit den Bewerbungsanschreiben für eine ausgeschriebene Stelle. Kontakt- und Heiratsanzeigen weisen durchaus Parallelen zu Stellenanzeigen auf.

Unser Alltagsleben steckt also voller Bewerbungssituationen mit vielen Parallelen zu Vorstellungsgesprächen: Da bewerben Sie sich um eine Wohnung und müssen sich vor dem Vermieter entblößen (»Sind Sie verheiratet, haben Sie Kinder, Hunde oder Katzen, was verdienen Sie ...?«). Auch das Kreditgespräch am Bankschalter ist eine typische Vorstellungsgesprächssituation. Selbst die an eine fremde Person auf der Straße gerichtete Frage nach der Uhrzeit oder einer bestimmten Anschrift beinhaltet immer den Test, ob man wohl mit seinem Anliegen ankommt und brauchbare Auskunft erhält.

Ihre Vorstellung kann beginnen

Sie haben eine Einladung zu einem Vorstellungsgespräch erhalten. Ein wichtiger Teil Ihres Bewerbungsvorhabens ist dem vorangegangen. Erfolgreich – denn sonst hätte man Sie nicht eingeladen, um Sie näher kennenzulernen.

Worum geht es jetzt, und worauf kommt es an? Arbeitsplatzvergeber wie Personal- und Firmenchefs wollen im Vorstellungsgespräch wissen, ob Sie als Bewerberin bzw. Bewerber zum Unternehmen und in das vorhandene Team passen. Dabei geht es um persönliche und anforderungsbezogene Eignungsmerkmale, die am Bewerber, also an Ihnen, im Vorstellungsgespräch überprüft werden sollen.

Aus diesem Grund hat man aus den vorliegenden schriftlichen Bewerbungsunterlagen, die z. B. nach einer Stellenanzeige eingegangen sind, die interessantesten und vielversprechendsten Bewerber herausgesucht.

In der Regel haben an diesem ersten Auswahlvorgang mehrere Personen mitgewirkt, z. B. der Chef, der Personalchef, der Abteilungsleiter, möglicherweise auch die Sekretärin. Vielleicht sind 250 Bewerbungen eingegangen, und nun muß man sich auf Arbeitgeberseite darauf verständigen, wie viele Kandidaten geeignet erscheinen und wie viele man näher kennenlernen will und kann (Zeitökonomie!).

Möglich, daß unter den vielen Bewerbern nur eine oder einer als kompetent erscheint. Wahrscheinlich favorisiert man aber doch drei bis zehn Bewerber. Leider ist es oft so, daß man aus Zeitgründen nur einen kleinen Teil der Kandidaten einlädt, die für die Aufgabe, den Arbeitsplatz in Frage kommen.

Das Auswahlgremium möchte nun seine bisherigen Informationen aus den vorliegenden Bewerbungsunterlagen ergänzen und einen ganz persönlichen Eindruck von Ihnen als Bewerber bekommen. Dabei wird die Ausprägung von Persönlichkeitszügen und Eigenschaften wie Leistungsbereitschaft, Motivation, Anpassungsfähigkeit, Einordnungsbereitschaft und Kompetenz unter die Lupe genommen. Ebenso konzentriert man sich auf äußere Merkmale wie Aussehen, Auftreten, Manieren sowie auf das sprachliche Ausdrucksvermögen.

Grundlage für diese wichtige Entscheidung sind in der Regel etwa – Sie werden es kaum glauben – zu 80 % Ihre Persönlichkeit und nur zu 20 % Ihre fachliche Kompetenz.

Wichtig für Sie als Bewerber zu wissen: Es gibt Einzel- und Gruppenvorstellungsgespräche. Ihre Dauer ist unterschiedlich, je nach Arbeitsplatz und zu bewältigender Bewerberzahl bzw. Gesprächsteilnehmern auf Arbeitgeberseite. Klar ist, daß z. B. ein Theaterintendant-Bewerber nicht nur ein längeres Vorstellungsgespräch hat, sondern mehrere, und daß eine Bäckereiverkäuferin mit allerhöchstens zwei Gesprächen rechnen muß, die eigentlich nicht länger dauern sollten als jeweils maximal eine halbe Stunde. Das erste Gespräch könnte dem Kennenlernen dienen, der Vorauswahl, das zweite, um zu einer konkreten Arbeitsvereinbarung (über Zeit und Bezahlung) zu kommen.

Das Vorstellungsgespräch ist eine mündliche Test- und Prüfungssituation, auf die man sich gut vorbereiten kann. Diese Vorbereitung benötigt mindestens die gleiche, wenn nicht sogar doppelt soviel Zeit wie die schriftliche Bewerbung. Sich dafür ein, zwei Tage oder mehr Zeit zu nehmen ist nichts Außergewöhnliches. Natürlich bedarf es mehr Zeit, wenn es um das erste Vorstellungsgespräch geht, als wenn Sie hier (leider) schon eine gewisse Routine haben.

In der Regel läuft ein Vorstellungsgespräch nach einem bestimmten Schema ab, das von der Ausbildung und Erfahrung des Interviewers, also des Gesprächspartners von der Arbeitgeberseite, bestimmt wird. Es erfordert deshalb, wenn man als Bewerber etwas entgegensetzen will, ebenfalls eine gute Vorbereitung. Hier drängt sich unweigerlich der Vergleich mit einem Schauspieler auf, der sich um ein Engagement bewirbt und eine Rolle vorsprechen bzw. vorspielen muß. Auch er hätte ohne Vorbereitung, Übung und präzises Rollenstudium keine Chance. Schon der Begriff »Vorstellung« deutet auf die Parallele zum Theater hin.

Noch einmal der Bezug zur Theater-Vorstellung: Der gelernte Schauspieler und Expräsident Ronald Reagan ließ sich vor jeder Pressekonferenz von seinem Beraterteam zu einem bestimmten Thema alle möglichen Journalistenfragen (insbesondere die unangenehmen) und natürlich die passenden Antworten zusammenstellen. Diesen Frage-Antwort-Katalog lernte Mr. President auswendig. Und was lernen Sie daraus? Auf die gute Vorbereitung kommt es an!

Vier Hauptaspekte gilt es dabei zu berücksichtigen:

- die eigene Ausgangsposition wie die des Gegenübers
- Details über die Firma bzw. die Institution
- den Gesprächsablauf und die zu erwartenden Fragen
- den organisatorischen Teil (Anreise, Kleidung usw.)

Für alle vier Aspekte gilt: Wissen ist Macht, und Übung macht den Meister. Je besser Sie sich auf die Prüfungssituation Vorstellungsgespräch vorbereiten, um so gelassener können Sie auf heikle und schwierige Fragen reagieren. Halten Sie sich den Tag, an dem das Gespräch stattfinden wird, frei von anderen Verpflichtungen.

Die Weichensteller – Persönlichkeit, Motivation und Kompetenz

Der Arbeitgeber oder Personalchef – kurz: Ihr Interviewer – will im Vorstellungsgespräch vor allem drei Aspekte überprüfen: Ihre Persönlichkeit, Ihre Leistungsmotivation und Ihre Kompetenz.

Beim Kennenlernen Ihrer *Persönlichkeit* geht es vor allem um folgende Aspekte:

- Wirken Sie sympathisch und vertrauenswürdig?
- Sind Sie anpassungs- und teamfähig?
- Passen Sie zur Institution, zum Unternehmen?

Ihre *Leistungsmotivation* soll durch folgende Fragestellungen erhellt werden:

- Bringen Sie Engagement und Enthusiasmus für die angestrebte Position mit?
- Sind Sie lernfähig und arbeitswillig?
- Werden Sie sich mit der Firma bzw. Institution und Ihrer Aufgabe in hohem Maße identifizieren?

Kompetenz meint fachliche Qualifikation und das Vorhandensein berufsrelevanter Eigenschaften. Hier geht es vor allem um die Frage: Kann der Arbeitgeber Ihnen die Bewältigung des Jobs/der Aufgaben zutrauen (im Sinne von: Sie werden es schon schaffen, weil Sie so und so sind bzw. das und das können ...)?

Im folgenden möchten wir Ihnen die einzelnen Gesprächsphasen ausführlich erläutern. Zunächst aber ein kleiner Exkurs zum zentralen Aspekt im Vorstellungsgespräch: Persönlichkeit und Sympathie.

Die Zauberformel – Sympathie mobilisieren

Gelingen oder Mißlingen eines Vorstellungsgesprächs hängt entscheidend mit davon ab, wie sympathisch Sie auf den Auswähler (Arbeitgeber, Interviewer) wirken. Es geht um den berühmt-berüchtigten ersten Eindruck, in dem bei zwei Gesprächspartnern, die sich bisher unbekannt waren, die Weichen in Richtung einer positiven (Sympathie) oder negativen Gefühlsreaktion (Antipathie) gestellt werden.

So gesehen sind die ersten Minuten eines Vorstellungsgesprächs von entscheidender Bedeutung.

Die folgende Übersicht soll Ihnen auf einen Blick verdeutlichen, was Sympathie hervorruft bzw. verhindert:

Sympathie heißt Gefühl von	**Antipathie** heißt Gefühl von
Interesse an Ihrer Person	Desinteresse
Vertrauen	Mißtrauen
positive Gefühle	negative Gefühle
Zuneigung	Abneigung
Wärme	Kälte
Gemeinsamkeiten	fehlende Gemeinsamkeiten
Attraktivität	Abstoßung
Schönheit	Häßlichsein
»gleiche Wellenlänge«	»andere Wellenlänge«
Zugewandtheit	Abgewandtheit

Sympathie wird eher mobilisiert durch …	**Antipathie** wird eher mobilisiert durch …
Anpassung	mangelnde Anpassung
Charisma	fehlendes Charisma
Freundlichkeit	Unfreundlichkeit
Höflichkeit	Unhöflichkeit
Gelassenheit	Nervosität
Ruhe	Unruhe
Selbstsicherheit	Selbstunsicherheit
Geduld	Ungeduld

Sympathie wird eher mobilisiert durch …	**Antipathie** wird eher mobilisiert durch …
Toleranz	Intoleranz
Gleichberechtigung	Dominanz-/Machtstreben
Gewährenlassen (Freiheit)	Beherrschung (Unfreiheit)
Attraktivität	abstoßendes Äußeres
Schönheit	Häßlichsein
Gewandtheit	Unsicherheit
Entspanntheit	Gespanntheit
gleiche/ähnliche Interessen/Hobbys	stark unterschiedliche Interessen/Hobbys

Zur Mobilisierung von Sympathiegefühlen kommt es immer dann, wenn Ihr Gegenüber den (ersten) Eindruck und die Hoffnung gewinnt, daß Sie einen Beitrag zu seiner Bedürfnisbefriedigung (Erfolg, Macht etc.) leisten können.

Umgekehrt: Das Gefühl der Antipathie basiert auf dem Eindruck, daß der/die andere zur eigenen Bedürfnisbefriedigung keinen oder einen zu geringen Beitrag leisten kann.

Sympathiefördernd sind vor allem Identifizierungsprozesse (»Mein Gegenüber ist ja genauso/ähnlich wie ich«) und biographische Gemeinsamkeiten (z. B. bezüglich früherer Wohnorte, Ausbildungsinstitutionen und Arbeitgeber).

Wer leistungsmotiviert und kompetent wirkt, macht sich zusätzlich zu seinen sonstigen Persönlichkeitsmerkmalen sympathisch. Damit sind auch diese weiteren zentralen Faktoren im Vorstellungsgespräch – Leistungsmotivation und Kompetenz als »flankierende Aspekte« – mit angesprochen und einbezogen. Sie sind quasi die »Geschwister« der Sympathie.

Dem Bewerber zugeschriebene Leistungsmotivation und Kompetenz tragen beim Interviewer dazu bei, sein Bedürfnis nach Erfolg zu realisieren. Für den Interviewer besteht Erfolg bereits darin, einen Kandidaten empfohlen zu haben, der den Posten bekommt und sich später bewährt.

Ihre Ausgangsposition

Erwartungen auf Arbeitgeberseite

Worauf achten Arbeitgeber bei der Auswahl neuer Arbeitskräfte? Welche persönlichen und beruflichen Anforderungen stellt der Arbeitgeber? Wovon träumen Arbeitgeber? Das sind wichtige Fragen bei der Vorbereitung auf ein Vorstellungsgespräch.

Arbeitgebern reicht es nicht, daß Sie Fähigkeiten besitzen. Sie wollen wissen, wie Sie diese anwenden: ob Sie Betriebsamkeit nur vortäuschen oder wirklich versuchen werden, Probleme zu lösen. Es ist erschreckend, wie wenige Bewerber sich vor einem Vorstellungsgespräch Gedanken über die Bedürfnisse der Arbeitgeber machen. Arbeitgeber suchen Angestellte, die Ergebnisse produzieren: Gewinne, Sicherheit, Kostensenkung, Organisation, neue Lösungen. Ein motivierter Bewerber geht auf die Bedürfnisse des Arbeitgebers ein. Wenn Sie nicht wissen, was in einem bestimmten Unternehmen oder Berufsfeld von Ihnen erwartet wird, werden Sie den Arbeitgeber nur schwerlich überzeugen können. Sie sollten ihm durch Zielstrebigkeit und Kenntnisse über sein Arbeitsfeld zeigen, was er in Zukunft von Ihnen erwarten kann.

Sagen Sie jetzt bitte nicht: »Wie soll ich als Arbeitnehmer denn wissen, was Arbeitgeber erwarten – das ist doch eine völlig andere Welt!« Wenn Sie es sich genau überlegen, werden Sie sehen, daß Sie selbst ständig »Arbeit geben«.

Wenn Sie Ihr Gemüse im Supermarkt um die Ecke kaufen, sorgen Sie dafür, daß dort Arbeitsplätze erhalten bleiben oder auch neue entstehen. Was erwarten Sie als derjenige, der »Arbeit gibt«? Sie möchten, daß man freundlich zu Ihnen ist. Sie verlangen eine gute Leistung zu günstigen Preisen, Sie haben den Anspruch, rasch bedient zu werden. Falls eine oder mehrere dieser Bedingungen nicht erfüllt werden, überlegen Sie es sich, in Zukunft lieber drei Kilometer weiter zum nächsten Verbrauchermarkt zu fahren, weil man dort kundenfreundlicher ist.

Ein weiteres Beispiel: Sie entscheiden sich kurzfristig, nach Sydney zu reisen und möchten nun den Flug buchen. Vor Ihnen liegt der Reiseteil Ihrer Zeitung mit den Angeboten und Telefonnummern verschiedener Reisebüros. Zunächst rufen Sie im Reisebüro A an. Die Dame am anderen Ende ist kurz angebunden: »Ich habe jetzt keine Zeit. Rufen Sie in einer Stunde wieder an.« Nächster Versuch im Reisebüro B. Dort nimmt man sich immerhin die Zeit, Sie über die »aktuellen Trends« zu informieren: »Nein, da muß ich gar nicht nachschauen. Im Moment fliegt kein Mensch nach Australien. Da wird schon etwas frei sein. Kommen Sie in den nächsten Tagen einfach mal vorbei.« Erst in Reisebüro C geht man auf Ihre Wünsche ein: »Nennen Sie mir doch bitte die Daten für Hin- und Rückflug, Herr Müller. Wissen Sie schon, mit welcher Gesellschaft Sie fliegen möchten, oder soll ich schauen, welche Linien günstige Tarife und Abflugzeiten bieten? Wenn Sie möchten, rufe ich Sie in fünf Minuten zurück, dann habe ich die nötigen Informationen. Falls Sie heute keine Zeit haben, in unser Büro zu kommen, können wir Ihnen auch gerne für ein paar Tage die Plätze freihalten.« Keine Frage, wo Sie am Ende Ihren Flug buchen!

An diesen Beispielen ist sehr gut zu erkennen, worauf »Arbeitgeber« Wert legen: Sie wollen *sympathische* Mitarbeiter, die *kompetent* sind und sich für sie *engagieren*. Gerne stellen sie Leute ein, die ihnen von Vertrauenspersonen empfohlen wurden. Auf diese Weise glauben sie, das Risiko einer Fehlentscheidung so gering wie möglich zu halten.

Es gibt also durchaus eine Hierarchie der Auswahlkriterien, mittels derer Arbeitgeber vorzugsweise freie Stellen besetzen. Oben auf der Liste steht das wichtigste, vor allem, wenn es zu einem Vorstellungsgespräch kommt.

Arbeitgeber stellen sich immer die folgenden Fragen:

1. Mobilisiert der Bewerber *Sympathiegefühle*, kann man sich mit ihm »wohlfühlen«, ihm vertrauen und paßt er zum Team, zum Unternehmen (bzw. zur Institution)? Kurz gefragt: Stimmt die persönliche »Chemie«? – hat er/sie die richtige Persönlichkeit?
2. Was bewegt den Bewerber? Was sind seine Motive für Arbeitsplatz- und Aufgabenwahl? Ist er *motiviert*, Außerordentliches zur Verwirklichung von Unternehmens- bzw. Institutionszielen beizutragen?

3. Verfügt er über die erforderlichen generellen wie fachlichen *Qualifikationsmerkmale* (Ausbildung / Berufserfahrung)?

Während *Sympathie* (wie auch Antipathie) bei einer ersten Begegnung sofort spontan affektiv spürbar ist, werden die Schlüsselmerkmale *Leistungsmotivation* und *Kompetenz* attribuiert. Da es sich hier um Merkmale handelt, die sich nicht unmittelbar mitteilen, sind wiederum Zu- und Vertrauen mit im Spiel.

Leistungsmotivation und Kompetenz offenbaren sich nicht so schnell wie das zentrale, auf die Persönlichkeit bezogene und auch durch unbewußte Faktoren mitgesteuerte Sympathiegefühl. Aus Bewerbersicht muß es daher Ziel sein, die drei Grundzüge »Persönlichkeit«, »Leistungsmotivation« und »Kompetenz« während des gesamten Bewerbungsverfahrens als Signale so »auszustrahlen«, daß sie beim Arbeitgeber »ankommen«.

Ihre Position – zwischen Angebot und Nachfrage

Die beiden Ausgangspositionen – verkürzt: Ihre und die Ihres Gegenübers – bestimmen wesentlich den Verlauf des Vorstellungsgesprächs. Welche Determinanten bestimmen Ihre Situation im einzelnen?

- Ihr Arbeitsplatzwunsch und die aktuelle Arbeitsmarktsituation (z. B. Mangelberuf oder Überangebot?)
- Berufsaus und Weiterbildung
  (Wenn Ihre Ausbildung 20 Jahre zurückliegt und die letzte Fortbildungsmaßnahme vor 10 Jahren stattgefunden hat, fehlen Ihnen im Vorstellungsgespräch nicht nur gute Argumente.)
- Tätigkeit / Erfahrung
  (Wer als Außendienstmitarbeiter in den gehobenen Innendienst aufsteigen möchte, muß wissen, wieviel Stufen er sich auf einmal zu nehmen zutraut.)
- Ihre aktuelle Arbeitsplatzsituation

(Steht schon alles »in Flammen«, ist das Schiff am Untergehen, oder können Sie sich in Gelassenheit nach neuen Ufern umsehen?)

- Bisherige Arbeitsplatzwechsel-Häufigkeit
  (Soll das jetzt der dritte Wechsel innerhalb von zwei Jahren werden, oder können Sie auf fünf Jahre Kontinuität an einem Arbeitsplatz zurückblicken?)
- Bisherige Bewerbungserfahrung
  (Wer nach 22 Absagen die 23. Bewerbung abschickt, braucht ein besonderes Reservoir an Optimismus und Energie, um weiterhin mit der notwendigen Selbstsicherheit und Überzeugungskraft auftreten zu können.)
- Kontakte und »Vitamin B«
  (Spielen auch gerade bei einer Bewerbung eine Rolle: haben Sie Beziehungen und können Sie diese nutzen?)
- Persönlichkeits- und Leistungsmerkmale
  (Als stark introvertierter, gehemmt wirkender Außendienstmitarbeiter ist es nicht leicht, in eine Gruppenleiterposition zu kommen.)
- Äußeres Erscheinungsbild
  (Mit einem Karl-Marx-Vollbart etwa stößt man heute nicht nur in Bankkreisen auf Schwierigkeiten.)
- Alter
  (Mit 57 liegt z. B. bei der Bewerbung um eine leitende Position in der Aus- und Fortbildungsabteilung eines Großkonzerns die Zukunft vielleicht eher hinter einem, während in einem kleineren Unternehmen – gerade auch in den neuen Bundesländern – gute Chancen für erfahrene Praktiker bestehen.)

Dies sind zugegebenermaßen zum Teil recht drastische Beispiele, um zu verdeutlichen, worum es geht. Sie sollen als Anregung dienen, darüber nachzudenken, welches die eigenen Plus- und Minuspunkte, die Marktchancen der von Ihnen angebotenen »Ware« Arbeitskraft sind. Denken Sie stets daran, daß Sie diese in das Vorstellungsgespräch als Präsentations- und »Verkaufsargument« mit einbringen.

Zum Überdenken Ihrer Ausgangsposition gehört auch eine kritische

Reflexion über die eigene Person und typische Charaktereigenschaften, die ihnen bisher vielleicht schon mehrfach in Ihrem Leben Schwierigkeiten gemacht haben.

Wenn Sie beispielsweise dazu neigen, in einer Art unbewußtem Wiederholungszwang immer mit einem bestimmten Typ Vorgesetzten bereits nach wenigen Minuten in Streit zu geraten, weil Sie (unbewußt) an Ihren furchtbar cholerischen Vater oder einen autoritären älteren Bruder erinnert werden, darf Ihnen dies im Vorstellungsgespräch nicht passieren.

Aber auch die Gegenseite hat ihre Ausgangsposition. Da ist die Arbeitsmarktsituation, die einen maßgeblichen Einfluß hat. Werden Spezialisten wie Sie gesucht – vergleichbar der berühmten Stecknadel im Heuhaufen –, oder gibt es Bewerber mit Ihrer Qualifikation wie Sand am Meer?

Hat der Personalchef viele oder wenige Bewerbungen auf das Arbeitsplatzangebot erhalten? Handelt es sich um ein großes oder kleines Unternehmen? Stimmt das Timing der Personalplanung, oder leidet das Unternehmen unter Personalnot und Zeitdruck? Hat man es mit einem wirklichen Personalauslese-Profi oder eher mit einem Autodidakten auf diesem Gebiet zu tun? Dies alles hat seine spezifischen Auswirkungen.

Natürlich: Auch Ihr Interviewer ist nur ein Mensch mit unterschiedlicher Tagesform und all seinen Fehlern und Schwächen. Wenn er gerade stark mit eigenen Problemen und Streß konfrontiert ist, könnte sich das bei Ihrem Vorstellungsgespräch (unbewußt) fortsetzen, ohne daß Sie von diesem Hintergrund etwas ahnen bzw. etwas dazu beigetragen haben.

Ihre Ausgangsposition wird gestärkt, wenn Sie wissen, worauf es im Vorstellungsgespräch ankommt. Dazu gehört, die Hintergründe und Intentionen dieses Ausleseverfahrens genauestens zu kennen. Diese haben wir Ihnen global bereits im vorigen Abschnitt erläutert.

Im folgenden beschäftigen wir uns mit der arbeitsplatzbezogenen Analyse und Informationsgewinnung für die Bewerbungsvorbereitung – immer mit dem Ziel, Ihre persönliche Ausgangsposition zu stärken.

Notwendiges Vorwissen

Wissen Sie genau, bei wem Sie sich bewerben? Für jede Werbeagentur ist klar: Je mehr wir über unseren Kunden und seine Vorstellungen wissen, desto besser können wir ihn zufriedenstellen. Er muß den Eindruck gewinnen, daß wir seine Belange wunderbar verstehen und auf sie zugeschnitten geniale Lösungen anbieten.

Sie sind jetzt Ihre eigene Werbeagentur und machen dem Kunden, also Ihrem potentiellen Arbeitgeber klar, daß gerade Sie und nur Sie seine Bedürfnisse erkannt haben und befriedigen können. Sie wissen, was er von Ihnen erwartet, und bieten deshalb genau das an. Versuchen Sie, optimal ins Firmenprofil zu passen!

Das heißt: Sie müssen Genaueres über Ihren Kunden, Ihren künftigen Arbeitgeber, herausfinden. Ihm wollen Sie Ihre Arbeitskraft verkaufen. Dadurch erhöhen Sie einerseits Ihre Chancen, genommen zu werden, denn jeder Chef ist hocherfreut, wenn Sie genau das haben, was er braucht. Und gleichzeitig erfahren Sie bei solch einer Recherche natürlich mehr über die Stelle und ob sie tatsächlich Ihren Wünschen entspricht.

Informationen über den zukünftigen Arbeitgeber finden Sie in speziellen Nachschlagewerken (z.B. Hoppenstedt/Beratung in einer Bibliothek!), in der Fachliteratur und in Zeitschriften. Lassen Sie sich außerdem – evtl. unter dem Namen eines Freundes – Informationsmaterial zusenden, oder bitten Sie telefonisch um Auskünfte, bei größeren Unternehmen um Geschäftsberichte, Presseinformationen oder Organigramme (Darstellungen der Struktur einer Firma).

Sie müssen das nicht alles alleine machen. Nutzen Sie die Hilfe von Experten, nehmen Sie Beratungsangebote wahr. Auch an die Kammern von Industrie, Handel und Handwerk bis hin zu besonderen Interessenvertretungen ist zu denken. Personalberatungsgesellschaften und Bewerbungsberater können Ihnen ebenfalls weiterhelfen. Hören Sie sich auch in Ihrem Bekanntenkreis um, machen Sie Insider aus, die Ihnen weitere Informationen liefern. Dabei spielt es keine Rolle, ob Ihr Informant erfolgreich ist oder nicht, zufrieden oder schlecht auf das Unternehmen zu sprechen – in jedem Fall können Sie für sich das Wissenswerte herausfiltern. Generell sind z. B. alle Arten von Messen immer auch gute berufliche Kontaktbörsen.

Telefonaktion – Ruf doch mal an

Telefonieren in einer Bewerbungssituation hat einen besonderen Stellenwert, ist aber gar nicht so einfach. Auch hierbei handelt es sich bereits um eine Art Vorstellungsgespräch, und deshalb ist eine gute Vorbereitung eines jeden Telefongesprächs in der Bewerbungsphase besonders wichtig.

Drei Gründe könnten Sie dazu führen, ein Telefongespräch aktiv und gezielt einzusetzen:

1. Informationsnachfrage: Sie haben in der Anzeige gelesen, daß Sie für weitere Informationen telefonisch Kontakt aufnehmen können.
2. Bedarfsklärung: Sie wollen sich »unaufgefordert« bewerben. Durch ein Telefongespräch können Sie vorab klären, ob Ihre Bewerbung überhaupt Aussicht auf Erfolg hat.
3. Nachfaßaktion: Sie haben sich bereits schriftlich beworben, aber nach etwa zwei Wochen noch keine Rückmeldung (nicht einmal eine Eingangsbestätigung Ihrer Unterlagen) und fragen nun telefonisch nach dem Stand der Dinge.

Unabhängig davon, um welche der drei Anlässe es sich handelt: Ein solches Telefongespräch muß gründlich, am besten schriftlich, vorbereitet werden. Einfach nur mal so anzurufen wäre sehr leichtsinnig.

Optimale Voraussetzungen sind ein ruhiger Ort (keine Familiendramen im Hintergrund!), die richtige Zeit (nicht Freitag 17 Uhr!) und die Möglichkeit, sich nebenbei Notizen zu machen (also nicht aus einer Telefonzelle!). Überlegen Sie sich im Vorfeld: Wen wollen Sie sprechen, was genau wollen Sie fragen, was wollen Sie von sich mitteilen?

Mit dem Telefongespräch liefern Sie bereits eine erste Arbeitsprobe, vermitteln einen ersten Eindruck. Aus der Psychologie wissen wir, wie entscheidend und wie schwer zu revidieren dieser erste Eindruck ist. In den ersten Sekunden klassifiziert unser Gehirn schon, ob jemand sympathisch oder unsympathisch ist. Darum will eine solche Aktion gut überlegt sein. Sie müssen immer damit rechnen, daß sich Ihr Gesprächspartner Notizen über Sie macht.

Wir kennen den Fall einer Chefsekretärin, die zwecks näherer Informationen bei einem Verlag anrief. Der dort zuständige Herr fand sie so sympathisch und kommunikationsfähig, daß er sie auf eine viel interessantere Stelle im gleichen Hause aufmerksam machte – die noch gar nicht ausgeschrieben war. Allein aufgrund der gelungenen fernmündlichen Präsentation kam sie in den Genuß, als alleinige Bewerberin einen attraktiven Posten angeboten zu bekommen.

1. Informationsnachfrage

Wenn in der Stellenanzeige angeboten wird, zusätzliche Informationen telefonisch zu erfragen, lohnt es sich auf jeden Fall, dieses Angebot zu nutzen. Tun Sie dies nicht, ist das zwar kein Minuspunkt, aber Sie vergeben eine gute Chance, positiv auf sich aufmerksam zu machen. Geschickt eingesetzt kann die telefonische Nachfrage neugierig auf Ihre Person machen. Überlegen Sie sich eine intelligente Frage. Man wird Ihr Interesse schätzen und Ihren Namen »im Hinterkopf speichern«.

Negativ auf sich aufmerksam machen Sie bestimmt, wenn Sie Urlaubszeiten wissen wollen oder ob es ein 13. und 14. Monatsgehalt gibt. Ebensowenig dürfen Sie Inhalte abfragen, die aus der Anzeige bereits klar ersichtlich sind.

2. Bedarfsklärung

Ganz wichtig ist, daß Sie den richtigen und auch wirklich kompetenten Gesprächspartner ans Telefon bekommen und so möglichst einen ersten persönlichen Kontakt aufbauen. Die Gesprächsbeziehung muß gut laufen, was sich wahrscheinlich schon mit den Eingangsworten entscheidet.

Platzen Sie also nicht mit der Tür ins Haus! »Guten Tag, ich heiße Müller und möchte mich als Ingenieur für Verfahrenstechnik bei Ihnen bewerben« trägt Ihnen keine Sympathien ein. Schleichen Sie umgekehrt zu sehr um den heißen Brei herum – »Guten Tag, ich grüße Sie ganz herzlich, Frau Meyer, mein Name ist Müller, wie der Joghurt von Alles-Müller-oder-was, ja, haben Sie in München auch so schlechtes Wetter?« – wird womöglich am anderen Ende der Leitung sehr schnell aufgelegt.

Vielleicht ist der folgende Gesprächsanfang eher geeignet, Interesse und gleichzeitig auch Sympathie zu wecken:

Personalreferentin: »Meyer, guten Tag.«
Bewerber Müller: »Guten Tag, Frau Meyer. Mein Name ist Wolfgang Müller aus Berlin. Ich bitte um Verständnis, wenn ich mich direkt an Sie wende. Haben Sie einen kurzen Augenblick Zeit, oder paßt es Ihnen besser heute nachmittag gegen 15 Uhr?«
Personalreferentin (etwas ungeduldig): »Worum geht es denn, Herr Müller, wir können jetzt kurz miteinander sprechen ...«
Bewerber Müller: »Vielen Dank, Frau Meyer. Es geht darum, daß ich mich Ihnen als Diplomingenieur für Verfahrenstechnik vorstellen möchte. Ich habe .../ Ich bin .../ Ich komme auf Empfehlung von .../ Ich hörte, Sie haben in der XY-Abteilung ein Problem, bei dessen Lösung ich vielleicht mithelfen könnte ...Klingt das interessant für Sie ...?«

Sollten Sie auf die Idee kommen, ein Fax zu schicken, erzielen Sie zwar Aufmerksamkeit – aber daß Sie daraufhin eine Einladung erhalten, doch Ihre vollständigen Bewerbungsunterlagen folgen zu lassen, ist eher unwahrscheinlich. Natürlich kommt es in diesem Fall auf die Branche an: In der Werbung z.B. mag ein unkonventionelles Vorgehen positive Beachtung finden.

3. Nachfaßaktion
Sie haben etwa zwei Wochen nach Versand Ihrer Bewerbungsunterlagen noch immer keine Reaktion. Jetzt wird es Zeit, höflich nachzufragen – also ohne Vorwurf in der Stimme. Manche Unternehmen legen sogar Wert auf eine solche Nachfrage und werten ein Ausbleiben als mangelndes Interesse bzw. mangelnde Einsatzbereitschaft.

Einen solchen Anruf können Sie auch nutzen, um weitere Informationen zu erbitten. Vielleicht erhalten Sie jetzt nochmals eine Chance, sich von Ihrer besten Seite zu präsentieren und das Interesse an Ihrer Person zu steigern.

4. Rückruf Ihres potentiellen Arbeitgebers

Durch die Angabe Ihrer Telefonnummer im Briefkopf Ihres Anschreibens (empfehlenswert!) müssen Sie – insbesondere bei der Bereitschaft zum Arbeitsplatzwechsel – auf einen möglichen Rückruf gefaßt sein – und schon sind Sie mitten in einem **Vorstellungsgespräch.** Melden Sie sich also in dieser Zeit nicht gerade mit Ihrem Spitznamen oder sonstigen Scherzen, mit denen Sie Ihre Freunde ab und zu beglücken. Bitten Sie Ihren Lebenspartner, Sie auf keinen Fall mit »Mausi, da ist ein Herr für dich dran, kannst du mal kommen?« ans Telefon zu holen.

Denken Sie auch an Ihren Anrufbeantworter. Die Zen-Meditation auf Band oder Ihr Rolling-Stones-Lieblingsstück (»I can get no . . .«) mag zwar Ihre Umgebung als ureigensten Ausdruck Ihrer Persönlichkeit erfreuen – künftige Arbeitgeber halten solches eher für eine Zumutung. (Nicht umsonst läuft bei der Berliner Stadtverwaltung als Warteschleife »Eine kleine Nachtmusik« – gähn!!).

Gezielte Überraschungsanrufe bieten gewieften Personalchefs die Möglichkeit, durch die Telefon-Hintergrundgeräusche einen Einblick ins häusliche Leben zu gewinnen (laute Kleinkinder, die noch lauter zur Ruhe aufgefordert werden, oder die schrille Nachfrage aus dem Flur »Wer ist denn dran? Waaas?« oder kläffende, kreischende Haustiere, »Loooooora« etc. machen keinen guten Eindruck).

Sorgen Sie dafür, daß Sie stets alle nötigen Unterlagen in Reichweite haben. Nichts ist peinlicher, als wenn Sie nicht mehr wissen, worum es eigentlich geht, und welcher Arbeitgeber unter all den von Ihnen angeschriebenen sich gerade meldet.

Recherchieren geht vor Probieren

Wer zu seinem neuen potentiellen Arbeitgeber nur mit der Adresse im Kopf hingeht, handelt wirklich »kopflos«.

Eine gründliche Vorbereitung auf den möglichen Arbeitgeber und sein Umfeld ist absolut notwendig. Diese Empfehlung gilt ebenso für die Bewerbung bei einer kleineren Firma wie Meyer-Müller-Schulze wie bei einem multinationalen Konzern, z. B. Siemens.

Erste Informationen über das Unternehmen können Sie bereits der Anzeige entnehmen, der Art und Weise, wie der Kontakt mit Ihnen als Bewerber angebahnt wird, sowie auch dem Einladungsschreiben und den eventuell beigefügten Informationspapieren.

Angenommen, Sie bewerben sich bei der Firma Siemens, sollten die folgenden Unternehmensdaten unbedingt zu Ihrem Basiswissen gehören:

- Hauptsitz
- Branchen
- wichtige Tochterunternehmen/Beteiligungen
- Niederlassungen im In- und Ausland
- Produktpalette
- Zahl der Mitarbeiter im In- und Ausland
- Umsatz/Gewinn
- Geschäftsleitung
- Position auf dem nationalen und internationalen Markt (Marktanteile)
- Mitbewerber auf dem in- und ausländischen Markt
- wirtschaftliche Entwicklung der letzten fünf Jahre
- aktueller Aktienstand
- zukünftige Entwicklungschancen
- Firmengeschichte

Neben diesen allgemeineren Informationen benötigen Sie Spezialwissen über die Abteilung bzw. den Unternehmenszweig, für den Sie sich beworben haben. Eine Bewerbung als Ingenieur um eine Position im Bereich Siemens-Dentaltechnik, Datenverarbeitung Siemens-Nixdorf oder Energieerzeugung KWU erfordert natürlich eine unterschiedlich gezielte Einarbeitung in die jeweiligen speziellen Aspekte und Aufgabenstellungen des angestrebten Arbeitsplatzes.

Hintergrundinformationen zu Ihrem neuen potentiellen Arbeitgeber erhalten Sie z. B. direkt beim Unternehmen selbst (eventuell: Pressestelle), darüber hinaus sind Industrie- und Handelskammer, Fachzeitschriften (Bibliotheken) und Nachschlagewerke hilfreich. Aber auch Personen, die bereits in dem Beruf, in der Branche, Firma/Institution arbeiten, können Ihnen wichtige Insiderinformationen geben. Nutzen Sie auch die Informationsmöglichkeiten des Internets. Sehr viele Firmen haben Homepages eingerichtet, über die Sie an aktuelle Informationen über das Unternehmen, aber auch über die Art der Selbstdarstellung herankommen.

Zunächst einmal aber noch ein paar grundsätzliche Dinge, die Sie als Vorbereitung auf das Frage-und-Antwort-»Spiel« unbedingt berücksichtigen sollten:

Beachtenswerte Besonderheiten

Die folgenden Besonderheiten sind bei der Analyse der Ausgangspositionen von Bedeutung:

Bewerben Sie sich

- bei Groß-, mittleren oder kleineren Unternehmen
- in der Privatwirtschaft oder im öffentlichen Dienst?
- aus (vermeintlich) gesicherter Position heraus (also idealtypisch)
- aus erkennbar unsicherer Position, z. B. unter Druck, weil bereits gekündigt?

Es liegt auf der Hand: Die Bewerbungs- und Ausleseverfahren differieren je nach Branche und Ihrer Ausgangsposition in Nuancen, die Gemeinsamkeiten aber überwiegen.

Ein wichtiges Kriterium, das diese Unterschiede wesentlich beeinflußt, ist die Unternehmensgröße Ihres potentiellen Arbeitgebers. Der mittelständische Betrieb z. B. mit 100 Mitarbeitern, der einen berufserfahrenen leitenden Ingenieur für das Spezialgebiet der Belüftungstechnik sucht, geht in der Regel anders mit seinen Bewerbern um als der Lebensmittel-Großkonzern, der im mittleren Management (unterste Stufe) einen jüngeren Food-Produktmanager mit einer Reihe von Berufsjahren sucht.

Während Sie bei einem mittelständischen Betrieb davon ausgehen können, ein bis zwei Gespräche mit dem Firmeninhaber oder Geschäftsführer sowie mit einem für Sie direkt verantwortlichen Vorgesetzten (z. B. Hauptabteilungsleiter) und einem oder mehreren zukünftigen Kollegen zu führen, sieht dies bei einem Multi doch ganz anders aus.

Da gibt es u. U. sogar noch Gruppenauswahlgespräche. Recht wahrscheinlich sind vorgeschaltete Assessment-Center-Testveranstaltungen. Letztlich sehen Sie sich, nachdem Sie bereits von einigen Personalreferenten »verhört« und »vorsortiert« wurden, dem Personalchef und Ihrem potentiellen direkten Vorgesetzten gegenüber.

Wie das Bewerbungsverfahren im einzelnen abläuft, ist dem Einladungsschreiben nicht immer zu entnehmen. Sollte Ihnen zu Ohren gekommen sein, daß sogenannte Psycho-Tests veranstaltet werden, ist es höchste Zeit, sich entsprechend vorzubereiten (vgl. S. 125).

Vielleicht gelingt es Ihnen ja, vorab telefonisch in Erfahrung zu bringen, was Sie erwartet. Je größer die Firma, desto wahrscheinlicher ist es, daß Tests zum Zuge kommen. Ihre telefonische Anfrage muß natürlich in angemessener Art und Weise erfolgen, die Sie nicht gleich stigmatisiert (keinesfalls etwa so: »Was, Sie veranstalten ein Gruppenvorstellungsgespräch, o Gott, nein, wie furchtbar ...« oder »Verraten Sie mir doch bitte, welche Testverfahren im einzelnen zum Einsatz kommen, ich garantiere Ihnen . . .«). Auffällig ist es schon: Geht es in Ihrer Bewerbung mehr um einen technischen Arbeitsbereich (klassisches Beispiel Ingenieur), herrscht dort meist ein anderes Auswahlklima als z. B. in der wirtschaftlich administrativen bzw. in der medizinischen oder psychosozialen »Branche«. In letzteren wird deutlich häufiger zu Tests und Tricks gegriffen. Hier scheinen auch die Gruppenbewerbungsgesprächsrunden erfunden worden zu sein.

Da will natürlich der öffentliche Dienst und sein Beamtenapparat nicht zurückstehen und testet mit bzw. läßt testen, wenn auch hier der Ausfrageton oftmals nicht die Schärfe annimmt wie in der Privatwirtschaft durchaus üblich. Es scheint, daß Bewerberauswahlverfahren eine willkommene Ablenkung im sonst recht grauen Arbeitsalltag sind (sehr böse formuliert, und Verallgemeinerungen sind sicherlich gefährlich, aber ...).

Eine flexible Gesprächsstrategie von »Zu- oder Eingeständnissen«, Entgegnungen, Aufklärungsarbeit und gut vorbereiteter Argumentation wird nicht ohne positive Wirkung bleiben. Als sehr hilfreich können sich dabei Angst- und Wunschfragelisten und ihre intensive Vorab-Bearbeitung erweisen (s. S. 123).

Vorbereitung Ihres Auftritts

Ihre Botschaft in Sachen Verkaufsargumentation

Sie kommen nicht darum herum, sich im Vorfeld eines Vorstellungsgesprächs intensive Gedanken darüber zu machen, wer und wie Sie sind – vor allem aber, wie Sie Ihrem Gegenüber etwas von sich vermitteln wollen.

»Wie bringen Sie was rüber?« lautet die Frage, die Herausforderung. Schreiben Sie sich nach Abschluß Ihrer Überlegungen eine Art persönliches »Drehbuch«. Beschreiben Sie Ihre wesentlichen Merkmale, Eigenschaften, Charakterzüge, die Sie vermitteln wollen, und notieren Sie sich, wie Sie diese glaubhaft belegen können. Dabei gilt es, sich auf das Wesentliche zu beschränken, also Hauptmerkmale herauszuarbeiten und nicht etwa ganze Listen von Superadjektiven auswendig zu lernen.

Zu empfehlen sind drei, maximal vier bis fünf Merkmale, die Sie beruflich und charakterlich auszeichnen, nebst Beispielsituationen, mit denen Sie verdeutlichen und belegen können, worum es Ihnen dabei geht. Diesen positiven Hauptmerkmalen können Sie noch weitere drei hinzufügen, die auf einer zweiten Ebene vertiefend zu Ihrer Charakterisierung beitragen.

Aber auch zwei, maximal drei Merkmale, die weniger ausgeprägt sind, als Sie es sich wünschen, sollten Sie vorab erarbeiten. Dabei kommt es natürlich darauf an, sich nicht völlig bloßzustellen, schließlich liegt man ja nicht bei seinem Psychoanalytiker auf der Couch.

Wenn es nicht gerade um einen Arbeitsplatz in einer ausgesprochen technischen Branche geht, könnten Sie z. B. unter der Rubrik »Schwächen« anführen, daß Sie bedauerlicherweise nicht dazu in der Lage sind, Ihr Auto allein zu reparieren. Oder daß Sie Mühe haben, Kompositionen von Bach und Händel immer auf Anhieb richtig zuzuordnen. Auch sind Sie vielleicht noch immer mit Ihren Spanischkenntnissen unzufrieden, obwohl Sie schon das dritte Mal dort Urlaub gemacht haben. Vielleicht kocht Ihre Frau oder Ihr bester Freund besser als Sie, was Sie beschämt.

Diese Beispiele sollen lediglich der Verdeutlichung dienen und Anregung sein, in entsprechend relativ harmloser Richtung nachzudenken. Vielleicht kommen Sie zu dem Ergebnis, daß Sie im Innersten Ihrer Seele Kritik an Ihrer Person nicht ertragen können. Diese Selbsterkenntnis wäre schon ein erster Schritt zur Besserung, ist aber wirklich nicht dazu angetan, in einem Vorstellungsgespräch ausgebreitet zu werden.

Logisch: Sie können nicht nach jeder Interviewerfrage zunächst einmal in diesem Buch nachschlagen und versuchen, die richtige Einordnungskategorie zu finden, um sich dann anhand unserer Hinweise eine gute Antwort zu überlegen. Stecken Sie also jetzt, d.h. vorher den Rahmen ab, was und wie Sie etwas über sich aussagen oder erzählen wollen. Dazu gehört natürlich in erster Linie Berufliches, aber auch ein gewisses Maß an Privatem. Was und wieviel, müssen Sie unbedingt vorab überlegen, um auch dann souverän bleiben zu können, wenn das Gespräch geradezu Verhörcharakter bekommen sollte.

Verzweifeln Sie nicht: Allein die Tatsache, daß Sie sich mit Hilfe unseres Buches mit den Hintergrundaspekten der verschiedenen potentiellen Fragen im Vorstellungsgespräch gründlich auseinandersetzen werden, stärkt Sie. Daß Sie anfangs dabei ein »flaues Gefühl« entwickeln und glauben, all dem nicht gewachsen zu sein, ist eigentlich ganz normal. Das Gegenteil sollte Sie übrigens viel eher mißtrauisch machen.

Es kann sehr hilfreich sein, Bewerbungserfahrungen zu sammeln, ohne daß Sie den angebotenen Arbeitsplatz unbedingt haben wollen. Solch ein Vorstellungsgespräch, bei dem es nicht so drauf ankommt, ist eine ideale Experimentier-, Spiel- und Lernebene, von der Sie profitieren – immer für den Ernstfall, wenn es dann wirklich für Sie darum geht, einen bestimmten Arbeitsplatz zu erobern.

Und noch etwas ganz Wichtiges sollten Sie bereits im Vorfeld eines Vorstellungsgesprächs wissen:

Aus Notwehr – Ihr Recht auf Lüge

So wie der Gesetzgeber den Begriff Notwehr kennt, existiert für das Bundesarbeitsgericht der Sachverhalt der Notlüge. Darunter ist zu verstehen, daß bestimmte Fragen im Vorstellungsgespräch, z. B. nach der Zugehörigkeit zu einer politischen Partei, nicht wahrheitsgemäß beantwortet werden müssen, wenn der Bewerber davon ausgehen muß, daß von einer bestimmten Antworttendenz die Vergabe des Arbeitsplatzes abhängen könnte.

Vorausgeschickt werden muß: Bestimmte Fragen und Themen dürfen im Bewerbungsverfahren gar nicht erst behandelt werden. Es sind nur solche Fragen erlaubt, die »arbeitsbezogen« sind, d.h. die mit dem zu besetzenden Arbeitsplatz in direktem Zusammenhang stehen.

Unzulässig ist die Ausforschung der politischen Meinung ebenso wie Fragen nach (auch früherem!) gewerkschaftlichem Engagement oder Privatplänen in puncto Heiraten, Familienplanung, Freizeitgestaltung und Hobbys. Frühere Krankheiten und die Frage nach einer Schwangerschaft sollten genauso tabu sein wie die Frage nach den Berufen von Lebenspartnern (oder anderen Personen, z. B. Eltern, Geschwistern) sowie nach den privaten Vermögensverhältnissen (evtl. Schulden).

»Verboten sind außerdem Fragen nach Vorstrafen, soweit ganz allgemein gefragt wird, also nicht nur nach solchen Vorstrafen, die ›einschlägig‹ sind, unzulässig ist dann konsequenterweise auch das Verlangen, ein polizeiliches Führungszeugnis vorzulegen, nicht statthaft sind schließlich Fragen nach laufenden Ermittlungsverfahren.

Unzulässig ist auch (s.o.) die Frage nach der früheren Arbeitsvergütung (sie dient ja u.a. dazu, evtl. Lohnansprüche des Bewerbers zu dämpfen); zulässig ist diese Frage jedoch dann, wenn sich daraus für die konkret in Aussicht genommene Tätigkeit Folgerungen ziehen lassen, z. B. wenn die Höhe der Vergütung Rückschlüsse auf die mit der früheren Tätigkeit verbundene Verantwortung ermöglicht und die in Aussicht genommene Position ebenfalls besonders verantwortliche Aufgaben mit sich bringt. (. . .)

Beantwortet der Bewerber eine unzulässige Frage falsch, so hat dies für die Wirksamkeit des Arbeitsvertrages keinerlei nachteilige Folgen. Dies ist zwangsläufig die Konsequenz des eingeschränkten Fragerechts des Arbeitgebers. Denn das bloße Recht, die Antwort zu verweigern, würde dem Bewerber nichts nützen; hier wäre keine Antwort eben auch eine Antwort. Lassen sich Tatsachen, die der Bewerber nicht anzugeben braucht, aus dem Lebenslauf erschließen, so darf der Bewerber den Lebenslauf insoweit ›normalisieren‹.« (E. Stevens-Bartol, *Bewerbung, Einstellung, Vertragsschluß*. München 1990, S. 18f.)

Dr. X., niedergelassener Chirurg mit Kassenpraxis in Berlin, entschied sich für die charmante Michaela als seine neue Arzthelferin. Nach der Probezeit stellte sich heraus: Michaelas bezaubernder damenhafter Habitus entsprach nicht ganz den biologischen Tatsachen. Die Arzthelferin Michaela war, da sie sich noch keiner geschlechtsverändernden Operation nach dem Transsexuellengesetz unterzogen hatte, biologisch und offiziell beurteilt, der Arzthelfer namens Michael.

Der kleine Unterschied mußte dem Berliner Knochendoktor, von Berufs wegen eher ein Mann fürs Grobe, ganz offensichtlich beim Vorstellungstermin und der sich anschließenden Entscheidungsprozedur entgangen sein. Nichtsdestotrotz kündigte der Doktor seiner Arzthelferin Michael(a) nun fristlos, weil er sich arglistig getäuscht fühlte.

Vor dem Bundesarbeitsgericht sah man sich, da Michael(a) sich nicht in ihr Arbeitsschicksal fügen wollte, nach kostenspieligem Rechtsstreit wieder. Hier wurde entschieden: Ungefragt müsse kein Transsexueller mit seiner biologischen Sexualidentität aufwarten und selbst bezüglich der konkreten Nachfragen von Arbeitsplatzanbieterseite schienen dem Bundesarbeitsgericht Zweifel angebracht.

Ohne ausdrückliche Einwilligung des Bewerbers sind unzulässig:

- medizinische Untersuchungen
- psychologische Tests
- graphologische Gutachten
- Sicherheitsüberprüfungen sowie die Genomanalyse

Bewerber dürfen persönliche Umstände verheimlichen oder auf entsprechende Fragen konsequent lügen. Und mehr noch: Allzu neugierige Arbeitgeber müssen schmerzlichen Schadenersatz fürchten. Nachdem die Materie vor deutschen Arbeitsgerichten jahrzehntelang auf Sparflamme köchelte, machte der Europäische Gerichtshof (EuGH) in Luxemburg mächtig Dampf. Ansatzpunkt ist die Gleichberechtigung der Geschlechter und die eigentlich auch schon früher als Tabuzone geschützte Intim- und Privatsphäre. Nur eben jetzt mit dem Unterschied, daß es für den Arbeitgeber beim allzu hemmungslosen Bewerberausfragen wirklich teuer werden kann. Natürlich gibt es wie bei jeder Regel auch Ausnahmen: Wenn z. B. jemand für die katholische Kirche arbeiten will, ist die Frage des Arbeitgebers Kirche nach der Religionszugehörigkeit des Bewerbers durchaus zulässig. Ebenfalls einsichtig ist die Frage nach früheren Krankheiten bei Piloten oder Zugführern.

In der Alltagsbewerbungssituation ist es aber leider so, daß nahezu jeder Arbeitgeber unzulässige Fragen an die Bewerber stellt. Wohnsituation, Privatbeziehungen, Heiratsabsichten, Familienplanung, Gesundheitszustand, frühere Erkrankungen: Durch seinen Eingriff in die per Grundgesetz geschützte Privatsphäre des Arbeitssuchenden löst er bei diesem einen nicht zu unterschätzenden Gewissenskonflikt aus, dem mit dem Notwehrrecht auf Lüge Rechnung getragen wird.

Die entspannte Anreise

»Wer zu spät kommt, den bestraft das Leben« – so der auch auf das Thema Vorstellungsgespräch übertragbare legendäre Tip von Michail Gorbatschow. Also planen Sie genügend Zeit für Ihre Anreise ein, mit Berücksichtigung eventuell auftretender Verzögerungen (Staus etc.). Sollten Sie zu einem Vormittagstermin eingeladen sein, ist es von Vorteil, einen Tag oder spätestens am Abend vorher am Zielort zu sein.

Es empfiehlt sich, wenn irgend möglich, den Ort dieses für Sie bedeutsamen Treffens vorab wenigstens einmal von außen aus einer gewissen Entfernung »besichtigt« zu haben. So kennen Sie den Anreiseweg, wissen, wo man parkt bzw. wie man zu dem Hauptgebäude, in dem das Vorstellungsgespräch stattfindet, gelangt, kennen Wegezeiten, haben sich mental und auch emotional schon ein bißchen eingestimmt.

Auf diese Weise können Sie sich psychisch auch ganz anders vorbereiten, haben Sie doch jetzt eine realistische Vorstellung, wie das äußere Szenarium aussieht. Lassen Sie einmal die Atmosphäre auf sich einwirken, schauen Sie sich an, was die Fenster und das andere Drumherum Ihnen sagen (Steine können sprechen ...). Aus vielen Details werden Sie sich ein Bild zusammensetzen können, das Ihnen hilft, den Geist des Hauses, der Firma, des potentiellen neuen Arbeitgebers besser zu erfassen.

Handelt es sich um futuristische Architektur oder ein Gebäude der Jahrhundertwende, dessen dicke Mauern langsam zu zerbröseln drohen? Ist der Zaun von der Art, wie man ihn um Gefängnisse baut, oder hat er mehr dekorativen als funktionalen Charakter? Alles Hinweise, Mosaiksteine für ein vorläufiges Bild, die am Tag der Begegnung zumindestens keine negativ irritierende Überraschung mehr bei Ihnen auslösen.

Auch wenn Sie glauben, den Weg gut zu kennen, können Sie nicht sicher sein, z. B. in einem labyrinthartigen Bürogebäudekomplex gleich den kürzesten Weg und das richtige Zimmer zu finden.

Besser also, Sie sind eine viertel Stunde zu früh da als zehn Minuten zu spät. Natürlich dürfen Sie nicht übertreiben. Insbesondere sollten Sie im Vorzimmer des Geschehens nicht mehr als fünf Minuten vor dem vereinbarten Termin eintreffen. Wer zwanzig Minuten zu früh »aufkreuzt«, macht einen denkbar schlechten Eindruck.

Entscheidend ist, so ausgeruht wie nur irgend möglich zu sein. Sollten Sie sich wider Erwarten an einem so wichtigen Tag krank fühlen – aus welchen Gründen auch immer – ist es sinnvoller, den Termin abzusagen, als beispielsweise mit allen sichtbaren und unsichtbaren Befindensbeeinträchtigungen einer schweren Erkältung anzutreten und sich nicht optimal präsentieren zu können.

Und noch ein wichtiger Hinweis: Ist das Vorstellungsgespräch für Sie mit Fahrt-, Verpflegungs- und Unterbringungskosten verbunden, so gilt für die Erstattung folgende Regelung: Bei einer Einladung zum Vorstellungsgespräch muß der potentielle Arbeitgeber für alle angemessenen Kosten aufkommen, die Ihnen entstehen, egal, ob ein Arbeitsvertrag zustande kommt oder nicht. Sollte ein potentieller Arbeitgeber dazu nicht bereit sein, so muß er Ihnen diesen Sachverhalt vorher ausdrücklich mitgeteilt haben (was Sie sicherlich nachdenklich gestimmt hätte).

Wenn Sie allerdings anfangen, bei der Abrechnung der Ihnen entstandenen Kosten das Parkhaus-Ticket oder den Fahrschein des öffentlichen Nahverkehrs in Rechnung zu stellen, lassen Sie – gelinde gesagt – den adäquaten Blick für Proportionen vermissen. An der Art und Weise, wie Sie Ihre Abrechnungsunterlagen zusammenstellen und die Gegenseite die Zahlungsabwicklung gestaltet, ist wechselseitig viel abzulesen. Hier sieht man schnell, mit wem man es zu tun hat. Das gilt für Bewerber- wie Unternehmensseite.

Stellen Sie sich bei einem Arbeitgeber aus Eigeninitiative vor, ohne die ausdrückliche Verabredung, daß dieser für die Reisekosten aufkommt, müssen Sie alle Auslagen selbst tragen.

Nochmals: Abgesehen davon, daß längere Autoanfahrten zu einem so wichtigen Termin wie dem Ihres Bewerbungs- und Vorstellungsgespräches eine Qual sein können, bedenken Sie besonders auch die Risiken: Stau, Panne, Unwetter, Glatteis, Unfall auch z. B. infolge mangelnder Konzentration – eben wegen der Prüfungssituation, in der Sie sich befinden.

Ihre Kleidung – die zweite Haut

Unsere zweite Haut ist ein ganz wesentlicher Signalträger und -geber unserer Befindlichkeit. Worin spiegelt sich unser Selbstbild deutlicher als in unserer Kleidung, unserem Outfit? An ihrer (Berufs-)Kleidung erkennen wir sie sofort: den Koch, Schornsteinfeger oder Arzt, den Obdachlosen, Jogger, Rocker oder Millionär. Ob Dame von Welt oder Vertreterin des ältesten Gewerbes der Welt, es gibt viele Be-Kleidungssignale, die uns bei der Einordnung und Orientierung behilflich sind.

Die Sozialpsychologie hat mit Hilfe eines Experiments herausgefunden, daß signifikant mehr Personen bereit sind, bei einer Rot zeigenden Fußgängerampel die Straßenkreuzung mit zu überqueren, wenn ein besonders gut gekleidetes »Modell« (Vorbild) es vormacht. Einer klar bescheiden bzw. eher ärmlich gekleideten Person folgen deutlich weniger Passanten bei Rot über die Straße. Wundert Sie das? Es sollte Sie nachdenklich stimmen ...

Das wußten Sie bereits: Wer sich zum Beispiel um einen qualifizierten Arbeitsplatz in einem Versicherungskonzern bewirbt, kommt besser nicht in Joggingschuhen und Jeans daher, auch wenn dies auf der Überlegung basiert, auf diese Weise seine dynamische Note unterstreichen zu wollen.

Sollten Sie nun aber glauben, daß diese Bekleidungsutensilien bei einem Sportartikelmulti dazu angetan sind, Pluspunkte zu sammeln, irren Sie (selbst wenn das Unternehmen einen Puma als Signet hat).

Gibt es Patentrezepte? Das sicherlich nicht. Aber generell gilt: Heutzutage kleidet man sich für ein Vorstellungsgespräch wieder gediegen, zurückhaltend-vornehm, eher konservativ. Gefragt ist auch bei Damen die schlichte Eleganz. Unsere Empfehlung: Schauen Sie sich doch einfach mal typische Berufsvertreter in der von Ihnen angestrebten Position an, und orientieren Sie sich für Ihr Vorstellungs-Outfit an deren Kleidung.

Verdeutlichen Sie sich, daß Sie nach dem Bewerbungsanschreiben mit Ihrem Erscheinungsbild eine weitere Arbeitsprobe und Visitenkarte abgeben. Vermeiden Sie es möglichst, besser gekleidet zu sein als Ihr Gegenüber, und verzichten Sie auf jede Extravaganz, also auf eine grelle, poppige, übertriebene Maskerade (auch Schminke) – mit vielleicht einer Ausnahme: Sie bewerben sich bei einer Werbeagentur oder in der »Kunstszene«.

Diese Kurzempfehlungen ersetzen keinen Besuch beim Modeberater oder einem »Dress-to-success«-Farb- und Stilberatungsstudio. Sollen sie ja auch gar nicht. Aber wir können es nicht oft genug sagen: Die gepflegte Gesamterscheinung, angefangen von der Frisur über das Make-up bei Damen (Bartträger, meine Herren, haben es besonders schwer) bis zu Kleidung, Schuhen und Accessoires (Brille, Uhr, Schmuck, Tasche und Tuch), alles muß aufeinander abgestimmt sein, zu Ihnen passen, Ihre persönliche Note unterstreichen und repräsentieren helfen, Sie vorteilhaft »verkaufen«.

O je, jetzt ist es raus, das schlimme Wort, hier geht es um das schnöde Verkaufen, mögen Sie jetzt denken, aber so ist es nun mal. Sie bieten Ihre

Arbeitskraft und Leistung an, Ihr Gegenüber, der Betrieb, das Unternehmen kauft diese ein und garantiert für die monatliche Gehaltszahlung.

Ob es Ihnen nun paßt oder nicht, die Spiel-, d.h. in diesem Fall Verkleidungsregeln sind streng. Sie entscheiden, wie Sie sich an Ihrem potentiellen Arbeitsplatz einordnen, anpassen wollen. Und genau das ist es, was man dann auch sehen möchte: Wissen Sie, was man von Ihnen erwartet, und spielen Sie mit? Ein noch so talentierter Mitarbeiter kann, ja darf einfach auch an einem heißen Sommertag nicht in kurzen Hosen auftauchen. Zugegeben ein etwas überspitztes Beispiel, aber plastisch!

Ohne hier nun weiter auf die vielen Details eingehen zu wollen: Es kommt eben genau auf diese an. Die preisgünstigen Schuhe mit Plastiksohle und schiefgelaufenen Absätzen, der schon etwas angestoßene Aktenkoffer, unechter Schmuck, der unvorteilhafte Haarschnitt, das (gebrauchte?) Papiertaschentuch, weiße Socken zum dunklen Anzug – alles Indizien, die bei der Beurteilung und Entscheidung für oder (in diesen Fällen eher) gegen Sie sprechen.

Und noch ein Tip: Die Garderobe für Ihren wichtigen »Bühnen«-Auftritt müssen Sie kennen, d.h. vorher wenigstens an- und ausprobiert, besser einige Stunden bereits getragen haben. Drückende Schuhe, einquetschende, fast platzende Hemden, rutschende Hosen, knallenge Röcke, fehlende Knöpfe, kaputter Saum, Flecken, alles das stellt im Moment, da Ihr »Bühnen«-Auftritt kurz bevorsteht, eine furchtbare Falle, eine Quelle von Verunsicherung, Gefährdung und Unwohlsein dar. Gehen Sie kein unnötiges Risiko ein, machen Sie eine Generalprobe, stimmen Sie sich selbst vor dem Spiegel in Ihre Rolle ein, aber auch in Ihre Kleidung. Ihr Selbstwertgefühl wird es Ihnen danken.

Sollten Sie zu einem »Auswärtsspiel« fernab von der Heimat anreisen, gilt es, auch an Ersatz-Vorzeigekleidung zu denken, falls z. B. im Flugzeug eine Tasse Kaffee auf Ihrem Anzug/Kostüm »landet«. Ersparen Sie sich den Streß, noch in letzter Minute einen Kostümverleih oder eine Schnellreinigung ausfindig machen zu müssen.

Betrachten Sie sich zu Hause gründlich im Spiegel, stellen Sie zu Ihrer geplanten Rolle und Ausstattung eine Beziehung her. Üben Sie Ihr Auftreten in der von Ihnen gewählten, sorgfältig zusammengestellten Kleidung.

Aber nicht nur Ihre Kleidung sollte Sie vorteilhaft erscheinen lassen. Auch das, was Sie über sich erzählen, darf ruhig weitgehend Ihre »Schokoladenseite« präsentieren.

Das Auto – Ihre dritte Haut

Wenn Sie mit dem Auto anreisen: hier noch ein Wort zum »Anreisemittel Ihrer Wahl«. Während die Kleidung etwa die Funktion einer zweiten Haut übernimmt, ist unser Auto die dritte. Es verrät viel über seinen Besitzer.

Ob Sie nämlich im nostalgischen Käfer, einem legendären Mercedes 180 D, einem knallroten Porsche, einem Fiat Uno oder oder oder vorgefahren kommen, wird nicht lange unregistriert bleiben. Spätestens bei einem zweiten Treffen schaut man Ihnen zu bzw. hinterher und sieht, womit Sie abfahren.

Und ob Ihr Wagen hinten voll mit Stickern beklebt ist (»Überholen Sie ruhig, ich kaufe Ihren Schrott auf«, »Ach Ihr da OHM, macht doch, WATT Ihr VOLT« – und ähnlich markige Sprüche) oder die Tuxer Gletschereisbahn, Sylt und Tirol fröhlich grüßen, oder ob Sie ein Kissen mit »exaktem Nackenschlag« oder Muttis Puppe mit selbstgehäkeltem Kleid, unter dem die Klorolle verborgen ist, im Heckfenster plaziert haben, sagt eben auch etwas über Sie und Ihre Wesensart aus. Ganz zu schweigen vom verbeulten, rostigen oder auch nur schlicht dreckigen Autoäußeren.

Das Vorstellungsgespräch

Fragenrepertoire und Gesprächsablauf

Am Vorstellungsgespräch führt kein Weg vorbei. Wie es aber konkret abläuft, liegt auch mit in Ihrer Hand. Sie beeinflussen, ja bestimmen ganz wesentlich den Gesprächsverlauf.

Beweis: Wetten, daß ein relativ ausgefallenes Hobby wie z. B. Fallschirmspringen, das Sie in Ihrem Lebenslauf erwähnt haben, Ihr Gegenüber mit an Sicherheit grenzender Wahrscheinlichkeit veranlaßt, mehr darüber von Ihnen erfahren zu wollen?

Auch wenn dies ein wenig konstruiert klingen mag, es geht uns darum, Ihnen zu verdeutlichen, daß ein Teil der Fragen im Vorstellungsgespräch sich von Ihren Angaben im Bewerbungsanschreiben, Lebenslauf und den Anlagen (z. B. Arbeitszeugnissen) ableiten läßt.

Die (Lebenslauf-)Tatsache beispielsweise, daß Sie Ihre beiden vorletzten Arbeitgeber jeweils bereits nach einem dreiviertel Jahr wieder verlassen haben, wird unweigerlich intensiveres Nachfragen provozieren.

Mit anderen Worten: Die Art und Weise, wie Sie antworten, wie glaubwürdig und nachvollziehbar, was Sie wie ausführlich und in welchem Stil mitteilen, hat einen deutlichen Einfluß auf den weiteren Verlauf des Gesprächs.

Hier zunächst einmal der typische Ablauf des Vorstellungsgesprächs in seinen zehn Phasen bzw. Themen.

1. Begrüßung und Einleitung des Gesprächs
2. Motive der Bewerbung und Leistungsmotivation
3. Ausbildung und beruflicher Werdegang
4. Persönlicher, familiärer und sozialer Hintergrund
5. Gesundheit
6. Berufliche Kompetenz und Eignung
7. Informationen für den Bewerber
8. Arbeitskonditionen

9. Fragen des Bewerbers
10. Abschluß des Gesprächs und Verabschiedung

Abgesehen von der Begrüßungs- und Verabschiedungsphase kann selbstverständlich die Reihenfolge variieren. Auch müssen nicht gleich beim ersten Vorstellungsgespräch alle Themen ausführlich behandelt werden (z.B. Arbeitskonditionen). Diese Übersicht gibt Ihnen jedoch einen optimalen Eindruck, welche Themen insgesamt auf Sie zukommen können.

Nach diesem Überblick möchten wir Ihnen die zehn Phasen des Vorstellungsgesprächs detailliert erläutern. Dazu haben wir das folgende Schema gewählt:

- Frage(n) – die an Sie gerichtet werden
- Hintergrund – dieser Fragen
- Hinweise – für eine optimale Beantwortung.

Die nachfolgenden Abschnitte dieses Buches informieren Sie umfassend darüber, welches Fragenrepertoire Personalchefs heutzutage »draufhaben«, welche Fragen im einzelnen zu den oben genannten Themen auf Sie zukommen können.

Sehr wichtig ist es uns, Sie mit dem eigentlichen Hintergrund der einzelnen Fragen vertraut zu machen, der sich – insbesondere in der Streßsituation Vorstellungespräch – nicht auf den ersten Blick erschließt.

So klingt z. B. die aufmunternde Aufforderung »Erzählen Sie doch mal etwas über sich« wie eine Einladung zum harmlos-lockeren Partygeplauder. In Wirklichkeit steckt dahinter ein komplexer Persönlichkeitstest, ein »Einbruchsversuch« in Ihre Privatsphäre, der Wunsch, Ihre Seelenlandschaft auszuforschen.

Unsere Hinweise sind keine Antwortvorgaben oder gar konkrete Formulierungsvorschläge, sondern sollen Chancen und Gefahren einzelner Beantwortungsmöglichkeiten verdeutlichen. Sie können Ihr Bemühen, zu jeder Frage jeweils Ihre ganz persönliche Antwortstrategie zu entwickeln, nicht ersetzen.

Für die nun vorgestellten rund 150 Fragen gilt: Nicht alle können Ihnen in einem ersten Gespräch gestellt werden. Rechnen Sie mit einer Auswahl von etwa zehn bis zwanzig Fragen. Sie wissen aber nach dem Studium unseres umfassenden Fragenkatalogs, was potentiell auf Sie zukommen kann, und können sich entsprechend vorbereiten. Böse Überraschungen sind somit praktisch ausgeschlossen, Angst und Aufregung wirksam reduziert.

1. Auftakt: Begrüßung und Einleitung des Gesprächs

Begrüßung, Händedruck, Vorstellung

Ihr Auftritt. Der berühmte erste Eindruck, wechselseitig. Sie bekommen ihn, und man bekommt ihn von Ihnen. Versuchen Sie, gelassen zu wirken, einigermaßen selbstsicher zu erscheinen. Vermeiden Sie es, abgehetzt, angespannt und nervös aufzutreten. Lächeln Sie Ihr Gegenüber freundlich an, schauen Sie Ihrem Gegenüber in die Augen. Stellen Sie sich, falls Ihr Name noch nicht gefallen ist, deutlich, aber in angemessener Lautstärke vor. Merken Sie sich die Namen Ihres oder (das ist schon schwerer) Ihrer Gesprächspartner. Es dient dazu, Ihr Gegenüber ganz direkt namentlich ansprechen zu können (nichts hört man lieber als seinen eigenen Namen). Auch für spätere Nachfaßaktionen (s. S. 139) muß man unbedingt wissen, mit wem man gesprochen hat. Schauen Sie sich ruhig ein bißchen um. Enthalten Sie sich jedoch jeder Kommentierung oder Frage (»Was für ein herrlicher Kandinsky!« / »Ist der Perser echt?« / »Das sind wohl Ihre Frau und Kinder, da auf dem Foto?«).

Hintergrund: Es geht in dieser allerersten Phase um die direkte persönliche Kontaktaufnahme, um Ihr Äußeres, Ihr Auftreten und Ihre Umgangsformen.

Kommen Sie pünktlich oder auf die letzte Minute? Wirken Sie gehetzt, ängstlich-nervös oder ruhig, natürlich und gelassen – ohne übertriebene Selbstsicherheit, »Wurschtigkeit« oder sogar Arroganz? Sind Sie anpassungsfähig – vor allem aber: Machen Sie einen sympathischen (ersten) Eindruck?

Hinweise: Die bereits beschriebenen generellen Hintergrundaspekte des Vorstellungsgespräches spielen von den ersten Sekunden an eine wichtige Rolle. Wer dem Gesprächspartner – ob Personalchef oder Firmeninhaber – unpünktlich, abgehetzt und transpirierend gegenübertritt oder wie unter Tranquilizern stehend unterkühlt bis gelangweilt wirkt, vielleicht sogar deutlich genervt reagiert, weil er/sie 20 Minuten warten mußte, reagiert auf die Eröffnung der Schachpartie Vorstellungsgespräch nicht optimal (vorsichtig formuliert).

Ein zu kräftiger Händedruck (Marke »Knochenbrecher«) oder verschämte Laschheit (»tote Hasenpfote«) erzeugen wenig Sympathie in den ersten wichtigen Sekunden dieser für Sie bedeutsamen Begegnung mit Ihrem potentiellen Arbeitgeber. Das Abwischen der schweißfeuchten Hand an Rock oder Hose wirkt absolut peinlich. Der verschämte Blick nach unten oder an die Decke, der enttäuscht-verkrampfte Gesichtsausdruck, weil der Gesprächspartner nicht Ihren Erwartungen entspricht (zu jung, zu alt, nicht Ihr Typ) könnte folgenschwer auf Sie selbst zurückfallen, die Weichen gänzlich falsch stellen (aufs Abstellgleis, weg- statt angestellt).

Unsere Empfehlung: Freundlich anlächeln, mitten ins Gesicht schauen, angemessen (wieder-)grüßen.

Small talk: Wir danken Ihnen für Ihr Kommen ... / Haben Sie gut hergefunden ...?/ Was für ein schöner Tag / Was für schlechtes Wetter ...

Hintergrund: Ihre Gesprächspartner wollen – wenn diese entsprechend geschult sind – Sie und sich selbst in einer ersten sogenannten »Warming-up«-Phase einstimmen, eine freundliche Gesprächsatmosphäre herstellen und Ihre eventuelle Verkrampfung (Prüfungsangst) abbauen helfen.
Hinweise: Das ist zunächst alles ganz nett, sollte Sie aber nicht dazu verführen, zu ausführlich auf die angebotenen Themen einzugehen (Wetter, Parkplatzsuche, evtl. Anreise, Unterkunft usw.). Wer sich hier beklagt, daß das Hotelbett nicht seinen Erwartungen entsprach, daß er keinen Parkplatz gefunden hat, daß das Wetter ja jedesmal so schlecht ist, wenn er zu

Bewerbungsgesprächen anreisen muß, könnte eigentlich schon gleich wieder seine Sachen packen und gehen.

Nörgler und Pessimisten entsprechen nicht den Erwartungen des Personalchefs an die Charaktermerkmale zukünftiger MitarbeiterInnen. Natürlich dürfen Sie das Small-talk-Angebot nicht ablehnen – etwa mit dem Unterton: »Geht's hier ums Wetter – jetzt aber bitte zur Sache!« –, sondern müssen diplomatisch und angemessen darauf eingehen.

Bisweilen wird Ihnen vielleicht sogar etwas angeboten: Kaffee, andere Getränke (Säfte, Mineralwasser), etwas zu rauchen, möglicherweise sogar Alkoholisches. Letzteres ist ohne Zögern klar abzulehnen. Aber auch das Rauchen ist problematisch, vor allem, wenn Ihr Gegenüber keinen Ascher auf dem Tisch hat bzw. selbst keine Zigarette in den Händen. Die Nichtraucher sind auf dem Vormarsch. Besser also, falls Sie überhaupt rauchen: Sie lehnen dankend ab. Rauchen ist nicht mehr in, schon gar nicht während der ersten Vorstellungsgesprächsminuten.

Gibt es eine Kaffeerunde oder wird Mineralwasser bzw. Saft angeboten, sollten Sie sich nicht ausschließen. Falls Sie einen Getränkewunsch äußern dürfen, machen Sie es nicht kompliziert, bringen Sie niemanden in Verlegenheit, vor allem nicht sich selbst. Nicht jede Bürogetränkebar hat Tomatensaft mit Salz, Pfeffer und kleinen Eisstückchen vorrätig. Auch ein Pfefferminztee ist extrem unüblich und provoziert vielleicht vollkommen falsche Rückschlüsse auf den Gesundheitszustand Ihres Magen-Darm-Traktes.

Warten Sie einen günstigen Moment ab, um geschickt herauszufinden (falls Sie es noch nicht wissen), wieviel Zeit für Ihr Gespräch vorgesehen ist. Diese wichtige Information dient Ihnen dazu, Ausführlichkeit und Länge Ihrer Antworten dem vorgegebenen Zeitrahmen anzupassen. Weniger als eine halbe Stunde Gesprächszeit wäre enttäuschend, dagegen über eine oder gar mehrere Stunden schon etwas außergewöhnlich für die erste Begegnung.

Bereits in dieser »Warming-up«-Phase ist es nicht unüblich, daß Ihr Gegenüber die Gesprächsphase 7 (Informationen für den Bewerber, s. S. 76) vorzieht. Dann wird Ihnen über die Firma/Institution, die Produkte/Dienstleistungen und deren Bedeutung referiert.

Hören Sie interessiert zu, hier erfolgt ein Stück Arbeitgeber-Selbstdarstellung, deren narzißtischen Anteil Sie durch erhöhte und demonstrative Aufmerksamkeit wertschätzen müssen. Möglicherweise erfahren Sie Dinge, die im späteren Gesprächsverlauf erneut Thema werden (z. B. dann, wenn man offen erzählt, wie man sich seinen »Traumkandidaten« für diesen Arbeitsplatz vorstellt).

2. Bewerbungsmotive und Leistungsmotivation

Motive der Bewerbung

- **Wie ist es eigentlich zu Ihrer Bewerbung als ... bei unserem Unternehmen/unserer Institution gekommen?**
- **Was reizt Sie an dieser Aufgabe/Position?**
- **Warum wollen Sie gerade bei uns, in unserem Unternehmen/unserer Institution arbeiten?**
- **Wie gut kennen Sie unsere Produkte/Dienstleistungen etc.?**

Hintergrund: Alle Fragen dienen der Überprüfung Ihrer Motivation, Ihres Interesses. Wie fundiert ist beides? Was bewegt Sie wirklich? Aus welcher Situation heraus bewerben Sie sich? Ist dieser Arbeitsplatz (das Unternehmen/die Aufgabe) erste Wahl oder nur Kompromiß- bzw. sogar Notlösung?

Wie sind Image und Stellenwert des potentiellen Arbeitgebers bei Ihnen gewichtet? Wissen Sie den eventuellen neuen Arbeitgeber zu schätzen?

Hinweise: Auf diese Standardfragen müssen Sie wirklich gut vorbereitet sein, wenigstens 5 Minuten flüssig sprechen können. Es handelt sich hierbei um die wichtigsten, entscheidendsten Fragen und Themen im ganzen Gespräch!

Dabei darf der Unterhaltungs- und Spannungswert auf keinen Fall zu kurz kommen, was Sie übrigens ganz generell für viele Antworten berücksichtigen sollten. Langweilen Sie bloß nicht!

- **Warum haben Sie vor, den Arbeitsplatz zu wechseln?**

- **Weshalb wollen Sie Ihre jetzige Tätigkeit/Position aufgeben?**
- **Warum haben Sie in Ihrer jetzigen Firma/Institution keine Aufstiegschancen?**
- **Was sind die Gründe für Ihre Unzufriedenheit?**

Hintergrund: Es geht weiter um die Motive Ihrer Bewerbung, um die »Ausleuchtung« Ihrer Ausgangs- und Hintergrundsituation. Sind Sie in einer beruflichen/persönlichen Drucksituation, und wenn ja, warum? Wie hoch ist der Grad Ihrer Unzufriedenheit, und wodurch ist diese bedingt?
Hinweise: Wie begründen Sie den Wunsch nach einem Arbeitsplatzwechsel oder einem Neu- bzw. Wiedereinstieg? Hier muß Ihnen eine plausibel klingende, überzeugende Argumentation gelingen. Verlieren Sie sich nicht in Details, beklagen Sie sich auf keinen Fall über Ihren jetzigen bzw. über frühere Arbeitgeber/Vorgesetzte oder über Ihre Aufgabenbereiche.

Gern wird gehört: Man will vorankommen, die neue Aufgabe wird als Herausforderung betrachtet, ist reizvoll, man möchte es sich und anderen beweisen. (Provoziert übrigens die nächste Frage:)

- **Was reizt Sie an der neuen Aufgabe?**
- **Was erwarten Sie speziell von uns, was erhoffen Sie sich?**

Hintergrund: Weiterhin geht es um die Überprüfung Ihrer Motivation. Wie gut sind Sie vorbereitet, wie realistisch sind Ihre Einschätzungen?
Hinweise: Wieder müssen Sie überzeugend argumentieren, Geduld zeigen, variantenreich argumentieren und sich nicht in Widersprüche oder simple Wiederholungen verstricken. Sind die von Ihnen angeführten Bewerbungsgründe nachvollziehbar? Machen Sie deutlich, daß Sie sich auf die beruflichen Aufgaben und den potentiellen Arbeitgeber gut vorbereitet haben.

Gern gehört sind Stichworte wie »Zukunftschancen« und »Image der Firma« – aber vermeiden Sie plumpe Schmeicheleien.

- **Üben Sie Ihre jetzige berufliche Tätigkeit gerne aus?**
- **Was hat Ihnen bisher an Ihrer Aufgabe/Position gefallen, was mißfallen, und warum?**
- **Was, glauben Sie, ist bei uns anders?**

Hintergrund: ...ist die Sorge, daß Sie Ihre eventuell bestehende Unzufriedenheit quasi als »chronische Erkrankung« mit an den neuen Arbeitsplatz bringen und daß somit nicht objektive, sondern negativ-subjektive Gründe den gewünschten Wechsel bedingen.
Hinweise: Selbstverständlich üben Sie Ihre jetzige berufliche Tätigkeit gerne aus, identifizieren sich mit Ihrem Beruf. Einerseits möchte man Sie (ab-)werben, andererseits hat man Angst, daß sich hinter Ihrer Wechselbereitschaft unangenehme Überraschungen auch für den potentiellen neuen Arbeitgeber und Arbeitsplatz verbergen. Es geht um die Befürchtung des Arbeitgebers, sich durch Sie ein »Kuckucksei« ins Nest zu holen.

Schildern Sie Ihre jetzigen Aufgaben zu negativ, wird man an Ihnen zweifeln, bei zu positiver Darstellung wirkt Ihr Wunsch nach einem Arbeitsplatzwechsel unglaubwürdig.

Ein Ausweg aus diesem Dilemma ist die plausible Darstellung, worin die Verbesserung durch den Wechsel oder Neustart/Wiedereinstieg für Sie besteht.

- **Woher ist Ihnen unser(e) Unternehmen/Institution bekannt?**
- **Wie gut kennen Sie uns bereits, unsere ... (z. B. Produktion/ Marktposition/ Dienstleistungen usw.)?**
- **Wie stellen Sie sich Ihre Tätigkeit bei uns vor?**

Hintergrund: Die Fragen zur Überprüfung der Qualität Ihrer Vorbereitung auf das Vorstellungsgespräch werden konkreter und detaillierter. Wie überzeugend ist Ihre Darstellung, und wie ziehen Sie sich auch bei unangenehmen Fragen aus der Affäre?
Hinweise: Bei guter Vorbereitung haben Sie einiges über das Unternehmen/die Institution in Erfahrung gebracht und machen jetzt bei den Fra-

gen zu diesem Punkt einen kompetenten Eindruck. Das darf Sie aber nicht dazu verleiten, sich bei der Frage, wie Sie sich die Tätigkeit beim neuen Arbeitgeber vorstellen, zu sehr zu exponieren. Es ist eigentlich Sache Ihres Gesprächspartners, Ihnen eine Arbeitsplatzbeschreibung zu geben. Es besteht leicht die Gefahr, daß Sie sich »vergaloppieren« und als notorischer Besser- oder Alleswisser unangenehm auffallen.

- **Haben Sie einen besonderen persönlichen Bezug zu unserem Unternehmen?**
- **Kennen Sie Mitarbeiter aus unserem Haus?**
- **Was haben die Ihnen denn so alles über uns erzählt?**

Hintergrund: Welche Wertschätzung bringen Sie Ihrem potentiellen Arbeitgeber entgegen? Woher beziehen Sie Ihre Informationen? Wissen Sie, was man wie sagt und was man lieber für sich behält?
Hinweise: Ein persönlicher Bezug zum Unternehmen kann von Vorteil sein. Wenn Sie sich auf diese Frage vorbereitet haben und die Auskunft glaubwürdig klingt, sammeln Sie Pluspunkte. Lassen Sie sich nicht dazu verleiten, eventuelle Kenntnisse aus der internen Firmen-Gerüchteküche auszuplaudern. Wenn Sie angeben möchten, jemanden aus dem Unternehmen zu kennen, sollten Sie einschätzen können, wie deren/dessen Position und Ansehen ist.

- **Haben Sie zur Zeit noch andere Bewerbungsverfahren laufen?**
- **Gibt es schon konkrete Verhandlungen bzw. Ergebnisse?**

Hintergrund: Wieder geht es um die Motivation, die Ernsthaftigkeit Ihres Arbeitsplatzwechsel-Wunsches, die Frage, wieviel Druck hinter diesem Anliegen steckt. Aber auch die besondere Wertschätzung gegenüber dem speziellen potentiellen Arbeitgeber soll mit diesen Fragen erforscht werden. Ist diese Firma/Institution erste Wahl, oder rangiert sie irgendwo unter »ferner liefen«? Setzen Sie alles auf eine Karte, oder haben Sie – aus welchem Druck und Antrieb auch immer – eine Vielzahl von Bewerbungsschreiben »ausgestreut«?

Hinweise: Wie hoch ist Ihre Identifikation mit dem jetzt gerade ablaufenden Bewerbungsverfahren? Also: Kein Wort über evtl. Absagen und Fehlschläge, und besser nichts über parallele Verhandlungen, es sei denn, Sie haben ein ganz konkretes Angebot, das für Sie ernsthaft in Betracht kommt. Gefahr: Sie wirken unglaubwürdig bis erpresserisch und vermasseln sich Ihre Chancen.

- **Was bewog Sie damals – im Jahre 19XX und dann 19XX – den Arbeitsplatz zu wechseln?**

Hintergrund: Wechseln bzw. wechselten Sie im Frieden oder Unfrieden? Gibt es bei Ihnen sich wiederholende Motive, die Sie zum Arbeitsplatzwechsel veranlassen? Spielen dabei in Ihrer Person begründete Probleme eine Rolle (vor denen man sich aus Arbeitgebersicht bewahren möchte)?
Hinweise: Seien Sie darauf vorbereitet, (auch frühere) Arbeitsplatzwechsel plausibel darstellen zu können. Schuldzuweisungen kommen immer extrem schlecht an, diese addieren sich letztlich nur auf dem Negativkonto der Person, die sie ausspricht.

Leistungsmotivation

- **Was hat für Sie Priorität bei Ihrer Arbeit?**
- **Wie stellen Sie sich im Idealfall Ihre Arbeit, Aufgaben vor?**
- **Was sind – aus Ihrer Sicht – die Vor- und Nachteile der von uns angebotenen Position, und wie wollen Sie damit umgehen?**

Hintergrund: Wie intensiv haben Sie diese Themen bereits durchdacht? Wie realistisch sind Ihre Einschätzungen? Was für eine »Arbeits-Persönlichkeit« sind Sie? Wie präsentieren Sie sich? Welche Merkmale (auch: Persönlichkeit) zeigen Sie bzw. lassen Sie erkennen? Welche Prognose für Ihre Leistungsmotivation kann man bei Ihnen aufgrund Ihrer Antworten wagen?
Hinweise: Stellen Sie sich geschickt an im Umgang mit schwierigen, weil komplexen Themen? Empfehlung: Nicht in Details verlieren (verlieben),

nicht zu sehr »Überflieger« sein. Das realistische Mittelmaß – aber nicht zu glatt! – wird honoriert. Wer hier in ein 20minütiges Referat verfällt oder Extrempositionen vertritt, ist »out«.

- **Auf welche Ihrer beruflichen Leistungen und Erfolge sind Sie besonders stolz?**
- **Und jetzt zu Ihren Mißerfolgen ...**

Hintergrund: Was haben Sie als Leistungsnachweis anzubieten? Nebenbei: Wie gehen Sie mit heiklen, komplexen Fragen um?
Hinweise: Ihr mögliches Erschrecken beim Lesen dieser Frage (»Mein Gott, was würde ich denn darauf antworten?«) dokumentiert noch einmal die Sinnhaftigkeit einer guten Vorbereitung. Sie erspart das Schockiertsein mit nachfolgendem Stammeln oder Verplappern in der Realsituation **Vorstellungsgespräch.**

An Ihren Erfolgen und besonders an den von Ihnen eingestandenen Mißerfolgen werden Sie gewogen. Wer keine Mißerfolge zu berichten weiß, macht sich extrem verdächtig, und wer eingesteht, ein »Millionending« in den Sand gesetzt zu haben, »outet« sich selbst.

Während man bei den Erfolgsberichten etwas großzügiger (aber nicht unglaubwürdig) sein darf – insbesondere die Teamleistung sollte hervorgehoben werden –, gilt es bei den Mißerfolgen, eher bei sich selbst zu bleiben (Ich ...), ohne jedoch wirklich gravierende, irreparable Schäden zu beichten.

Die Analyse Ihrer Erfolgs- und Mißerfolgsberichte läßt viele Rückschlüsse auf Sie als potentiellen Mitarbeiter zu.

- **Wie sehen Sie Ihre Zukunft?**
- **Was sind Ihre Ziele?**
- **Was möchten Sie in drei und was in fünf Jahren erreicht haben?**

Hintergrund: Wieder geht es um Leistungsbereitschaft und Motivation, um »Biß«, »Drive«, »visionäre Begabung« oder schlicht um Ihre Zukunftsplanung.

Hinweise: Hier behandeln Sie natürlich zunächst ausschließlich Ihre beruflichen Perspektiven. Als leistungsmotivierter Mitarbeiter sind Sie zuversichtlich, was Ihren beruflichen Werdegang anbetrift. Aber: Exponieren Sie sich nicht zu sehr, damit man vor Ihnen keine Konkurrenzangst bekommt und glaubt, Sie würden gleich die Säge am Stuhl Ihres Chefs/Vorgesetzten ansetzen ...

3. Beruflicher Werdegang

- **Wie verlief Ihr bisheriger Berufsweg?**
- **Aus welchen Gründen haben Sie sich für den Beruf / die Branche / die Arbeitsplätze X, Y und Z entschieden?**
- **Und warum jetzt für diese neue Position in unserem Haus?**

Hintergrund: Planung oder Zufall? Ist ein roter Faden bei Ihren Motiven für Arbeitsplatz- und Positionswechsel erkennbar?
Hinweise: Was Sie in Ihren Bewerbungsunterlagen kunstvoll zu Papier gebracht haben, müssen Sie jetzt überzeugend und gegebenenfalls auch ausführlich darstellen und begründen können. Wichtig ist dabei die Präsentation eines logischen Zusammenhanges zwischen einzelnen beruflichen Stationen. Mit dem gereizten Hinweis »Aber das steht doch bereits alles schon in meinen Unterlagen!« würden Sie sich sofort aus dem Bewerbungsverfahren katapultieren.

- **Berichten Sie uns etwas über die wichtigsten Aspekte Ihrer bisherigen Tätigkeiten.**

Hintergrund: Gelingt es Ihnen, komplexe Sachverhalte überzeugend auf den Punkt zu bringen, und paßt dies inhaltlich zu der angebotenen Stelle?
Hinweise: »Aufgrund meiner Arbeitsgebiete/Tätigkeiten X, Y und Z glaube ich, für die Aufgabe/Position gut vorbereitet zu sein« – ohne dies wörtlich so auszusprechen, könnte so ungefähr der Tenor bei der Beantwortung dieser Frage lauten.

- **Was sind z.Z. Ihre konkreten Arbeitsaufgaben?**
- **Was machen Sie davon gerne, was ungerne?**
- **Schildern Sie einmal den Ablauf eines typischen Arbeitstages.**

Hintergrund: Hier geht es dem Interviewer darum, einen tieferen Einblick in Ihre derzeitigen Aufgaben zu bekommen und zu überprüfen, ob der gute Eindruck aufgrund Ihrer schriftlichen Bewerbungsunterlagen Bestand hat. Mit anderen Worten: Man versucht, Ihre beruflichen Schwachstellen zu enttarnen.
Hinweise: Diese auf den ersten Blick harmlos klingenden Fragen sind schwieriger zu beantworten, als Sie glauben. Deshalb erfordern sie eine besonders gute Vorbereitung im Hinblick auf den angestrebten Arbeitsplatz. Wer z. B. behauptet, an seinem aktuellen Arbeitsplatz alles nur gut und gerne gemacht zu haben, lügt ausgesprochen ungeschickt. Warum dann wohl der angestrebte Wechsel?

- **Warum haben Sie Ihren Arbeitgeber öfter bzw. selten gewechselt?**

Hintergrund: Schwachstellen aufdecken; den Bewerber durch diese Frage mit einer schwierigen, u.U. peinlichen Situation konfrontieren und beobachten, wie er sich verhält.
Hinweise: Vorbereitet sein; gut argumentieren können; glaubwürdige Darstellung, auch mit Anerkennung von eigenen Fehlern; sich nicht aus der Ruhe bringen lassen; nicht aggressiv reagieren.

- **An welchen Fortbildungsmaßnahmen haben Sie teilgenommen? Wer hat diese initiiert?**

Hintergrund: Überprüfung von Leistungsmotivation und Kompetenz. Fortbildung aufgrund von Eigeninitiative oder nur auf Anordnung?
Hinweise: Wenige Sätze reichen aus. Es kommt darauf an, daß Sie etwas Relevantes zu berichten wissen. Fachliteratur und der regelmäßige Austausch mit Kollegen in einem vergleichbaren Arbeitsbereich ist das unter-

ste Niveau, das hier inhaltlich beschritten werden kann. Besser sind Tagungen, Messen, Fortbildungsveranstaltungen etc.

- **Was zeichnet Ihrer Meinung nach einen guten Vorgesetzten aus?**
- **Was einen guten Mitarbeiter?**
- **Jetzt diese beiden Fragen mit umgekehrten Vorzeichen – »schlechten« Vorgesetzten … usw.**
- **Was schätzen Sie an Ihren Arbeitskollegen/Vorgesetzten – was nicht?**

Hintergrund: Was sind Ihre Maßstäbe bei der Beurteilung von Vorgesetzten und Kollegen? Worauf kommt es Ihnen an? Erneut: Wie gehen Sie mit schwierigen Fragen um?
Hinweise: Zeigen Sie Wertschätzung für Vorgesetzte und Kollegen, machen Sie aber auch gegebenenfalls deutlich, daß Sie in bestimmten Situationen anders entschieden hätten. Vermitteln Sie Respekt und die richtige Mischung aus Selbstbewußtsein und Loyalität.

- **Fühlen Sie sich in Ihren beruflichen Leistungen von Ihren früheren Vorgesetzten angemessen beurteilt?**

Hintergrund: Wie gehen Sie mit dem heiklen Thema Leistungsbeurteilung um? Lassen Sie sich provozieren, und nehmen Sie Schuldzuweisungen vor? Ergreifen Sie die erstbeste Gelegenheit, über andere herzuziehen? Sind Sie der Typ des ewig verkannten Genies?
Hinweise: Halten Sie sich bedeckt, und lassen Sie sich nicht provozieren. Vermeiden Sie vor allem Klagen über Ihre früheren Vorgesetzten und eine unglückliche Selbstdarstellung.

- **Was würden Sie gern an Ihrem jetzigen Arbeitsplatz verändern, wenn Sie Veränderungen durchführen könnten, wie Sie wollen?**

Hintergrund: Sind Sie ein notorischer Besserwisser oder gar ein »Revolutionär«? Ein reiner Provokationstest – es geht nicht um Kreativität.

Hinweise: Natürlich gibt es Dinge, die veränderungswürdig sind, aber dies ist hier nicht der Rahmen, detailliert und angemessen die Probleme an Ihrem derzeitigen Arbeitsplatz auszubreiten. Halten Sie sich einfach bedeckt.

- **Was war bisher Ihr schlimmstes, unangenehmstes (Arbeits-)Erlebnis?**

Hintergrund: Ein Persönlichkeitstest in Frageform. Es geht darum, Ihnen »auf den Zahn zu fühlen«, eventuelle Widersprüche zum Thema bisherige Mißerfolge aufzudecken.

Hinweise: Aufgepaßt – was war Ihre Antwort bei der Frage nach Ihrem größten Mißerfolg? Welches Bild geben Sie von sich ab?

4. Persönlicher, familiärer und sozialer Hintergrund

In dieser Gesprächsphase geht es um drei Bereiche:

1. Wer und wie sind Sie?
2. Mit wem leben Sie zusammen, und wie sind diese Personen?
3. Wie sieht Ihr erweitertes soziales Umfeld (Freunde, Bekannte, Kollegen) aus?

Zu Ihrer Person

- **Wir wollen Sie gerne kennenlernen, erzählen Sie uns etwas über sich.**
- **Wie würden Sie sich kurz charakterisieren?**

Hintergrund: Ein umfassender Persönlichkeits-Check-up, der mit zwei Fragen auskommt. Ein unverstellter Versuch, in die Schränke und Schubladen Ihrer Persönlichkeit zu schauen. Es geht um die zentrale Frage: Paßt der Bewerber in unser Unternehmen?

Hinweise: Hier haben Sie es quasi mit aufdringlichen Besuchern, unter Umständen sogar mit »Einbrechern« in Ihre Privatsphäre zu tun. Es liegt an Ihnen, sich auf Derartiges gut vorzubereiten. Wichtig: Beginnen Sie bei sogenannten offenen Fragen wie dieser immer erst damit, die berufliche Ebene anzusprechen und später – wenn überhaupt notwendig – die private.

- **Was sind Ihre Stärken, was Ihre Schwächen?**
- **Was ist Ihr größter Erfolg/Mißerfolg (beruflich/privat)?**
- **Was war bisher in Ihrem Leben Ihr schlimmstes Erlebnis?**

Hintergrund: Wie stellen Sie sich dar? Wie glaubwürdig wirken Sie dabei? Lassen sich ungeahnte Schwächen entdecken?
Hinweise: Sie sollten mit Gelassenheit sowohl die positiven als auch einige harmlose negative Dinge darstellen und vertreten (die berufliche Seite zuerst; vielleicht geht der Interviewer schon zur nächsten Frage über, bevor Sie zur Darstellung von natürlich unverfänglichen Schwächen und Mißerfolgen im privaten Bereich kommen).

Überlegen Sie sich genau, welche Offenheit Sie sich bei der Darstellung von Schwächen und Mißerfolgen leisten können. Und nie vergessen: Sie befinden sich nicht auf der Couch Ihres Psychoanalytikers oder beim Pfarrer im Beichtstuhl!

- **Was schätzen Sie generell an anderen Menschen, was nicht (Arbeitskollegen/Vorgesetzte/Freunde/Bekannte)?**
- **Haben Sie Leitbilder?**

Hintergrund: »Persönlichkeitsdiagnostik« (s. a. entsprechende Fragen im vorigen Abschnitt.
Hinweise: Hier gilt wieder der generelle Hinweis, daß jede Aussage über andere immer auch eine Mitteilung über Sie selbst bedeutet.

- **Warum sollten wir gerade Sie einstellen?**

Hintergrund: Ein fundamentaler Test Ihres Selbstbewußtseins und Selbstvertrauens. Sind Sie in der Lage, die für Sie sprechenden Eigenschaften im Hinblick auf die angestrebte Position prägnant zusammenzufassen?
Hinweise: Obwohl diese Frage zu den absoluten Standardfragen gehört, trifft sie viele Bewerber völlig überraschend und unvorbereitet. Ihnen sollte es nicht so gehen. Das ist Ihre große Chance. Aber bitte keinen 20-Minuten-Monolog (Vorschlag: Argumentation erstens, zweitens, drittens reicht aus).

- **Wir wollen Sie als Mensch kennenlernen. Was machen Sie neben Ihrer Berufstätigkeit?**
- **Welche Interessen, welche Hobbys haben Sie?**
- **Welche Sportarten betreiben Sie?**

Hintergrund: Es geht um das Kennenlernen der »ganzen Person«, um Ihr Interessenspektrum, um Besonderheiten, Hobbys, kulturelle Aktivitäten und Neigungen (z. B. Lesen – Kant oder Konsalik?). Denken Sie auch an Ihre körperliche Fitneß (Tennis oder Tischtennis?).
Hinweise: Die Beantwortung sollten Sie nicht dem Zufall überlassen. Die Antwort »Polospielen« macht einen anderen Eindruck als die Beschäftigung mit Briefmarken. (Vorsicht beim Bluffen – auf Nachfragen vorbereitet sein!). Sehr viel Sport ist leider wegen der begrenzten Freizeit nicht möglich, aber zu Ihrem Körper haben Sie natürlich ein gesundes Verhältnis. Vorsicht bei Risikosportarten wie z. B. Drachenfliegen (nicht zu verwechseln mit Drachensteigenlassen ...).

- **Was bedeutet Teamarbeit für Sie?**

Hintergrund: Sind Sie eher extra- oder introvertiert, ist hier die Frage. Sind Sie lieber Einzelkämpfer oder Gruppenmensch?
Hinweise: Was wird wohl bei der von Ihnen angestrebten Position eher gewünscht? Heutzutage werden insbesondere teamfähige Leute gesucht – auch wenn dann später in der Realität jeder gegen jeden (an-)tritt.

- **Mit welchen Menschen arbeiten Sie gern/ungern zusammen?**
- **Hatten Sie schon mal Schwierigkeiten mit Vorgesetzten und/ oder Kollegen?**
- **Wenn ja: Mit wem? Warum? Wie sind Sie damit umgegangen? Was haben Sie daraus gelernt?**

Hintergrund: Es geht weiter ganz unverstellt zur Sache (Psychodiagnostik), hier um den Aspekt: Wie ist es um Ihr Konfliktlösungspotential bestellt?
Hinweise: Wenn es Ihnen bei diesen Fragen die Sprache verschlägt, spricht das gegen Sie. Jeder Mensch bevorzugt bestimmte Kollegen und hat schon mal Schwierigkeiten mit seinem Chef gehabt. Nur gerade jetzt müssen Sie wissen, was Sie darüber preisgeben wollen und auf welche Weise.

- **Worüber können Sie sich so richtig ärgern?**
- **Was macht Sie wütend?**
- **Was bereitet Ihnen Sorgen?**

Hintergrund: Fortsetzung der Psychodiagnostik. Wie gehen Sie mit derartigen Fragen um? Kann man Sie damit ärgern oder gar verängstigen?
Hinweise: Machen Sie sich nicht ganz zu (verkrampfen Sie nicht), aber lassen Sie auch nicht die Katze völlig aus dem Sack (oder noch drastischer: »die Sau raus«). Bei diesen Fragen ständen Sie ohne Vorbereitung ziemlich geschockt mit dem Rücken an der Wand und hätten das Gefühl, beim Öffnen einer Sardinendose zugegen zu sein.

Da Sie hier eigentlich nur die Wahl zwischen Pest und Cholera haben, also nur schlechte Zensuren ernten können, kommt es darauf an, diese kritische Streß-Interview-Phase (s. S. 125) mit Format und Gelassenheit durchzustehen. Weichen Sie nicht auf, sondern aus – z. B. auf (relativ) Unverfängliches (die letzte Heimniederlage Ihres Lieblingsclubs, Ihre Schwiegermutter, Hundekot auf der Straße, die Vernichtung von Lebensmitteln im EU-Raum, schlechte kulturelle Leistungen bei Theater- und Konzertaufführungen Ihrer Lieblingsstücke usw. usw.).

Auch das Sorgen-Thema müssen Sie ähnlich geschickt umschiffen. Eine Herausforderung an Ihre Inszenierungsbegabung für das Ohnsorg-Theater.

- **Wie gehen Sie mit Kritik um?**

Hintergrund: Wieder eine Persönlichkeits-Testfrage.
Hinweise: Es kommt sicherlich immer darauf an, wer Sie wann wie und weshalb kritisiert. Kritik bringt Sie nicht um (selbstverständlich auch nicht solche Fragen), sondern hoffentlich weiter.

- **Was sind Ihre ganz persönlichen Lebensziele?**
- **Was möchten Sie persönlich für sich in naher/ferner Zukunft erreichen?**

Hintergrund: Eine gewisse Lebensplanung mit beruflichen und privaten Zielsetzungen runden das Idealbild eines guten Bewerbers ab.
Hinweise: Lernen, Leistung, Vorwärtskommen. Haben Sie ein Gespür dafür, was man hier wohl von Ihnen hören will? Achtung: Es geht primär um Berufliches – vermeiden Sie private Offenbarungen.

- **Was sind Ihrer Meinung nach die größten Mißstände ...**
  – in der Welt
  – in unserem Land
  – in Ihrer Heimatstadt
  – in dem Unternehmen, in dem Sie z. Z. arbeiten?

Hintergrund: Wie differenziert ist Ihre Kritikfähigkeit, welchen Einblick erlauben Ihre Antworten in persönliche Grund- und Werthaltungen, ja sogar in Ihre Persönlichkeitsstruktur? Im letzten Frageteil geht es um Ihre Loyalität zu Ihrem jetzigen Arbeitgeber.
Hinweise: Wer z. B. auf allen vier Ebenen (Welt, Land, Stadt, Firma) das unerträgliche Umsichgreifen der Korruption in markant-larmoyanten Worten beklagt, sagt damit (unwissentlich) mehr über sich als über die be-

klagten objektiven Mißstände. Sie können das Wort »Korruption« durch Pornographie, Werteverfall, Egoismus auf allen Ebenen usw. ersetzen – jede Aussage beleuchtet mehr die Persönlichkeit des Antwortenden als die vordergründig abgefragten Mißstände. Achtung: Damit ist diese Frage ein knallharter (unzulässiger) Persönlichkeitstest!

Übrigens: Auch wenn Sie auf den verschiedenen Ebenen unterschiedliche Mißstände benennen, wird der geschulte Zuhörer den gemeinsamen Oberbegriff herauszuhören versuchen, um Rückschlüsse auf Ihre Persönlichkeit vorzunehmen.

Der Interviewer will Sie mit den Fragen nach größeren Zusammenhängen (Welt, Land, Stadt) u. U. von dem für ihn eigentlich interessanten Aspekt ablenken: welche Kritikbereitschaft Sie Ihrem aktuellen Arbeitgeber gegenüber einnehmen (Stichwort Loyalität).

Bei den globalen Mißständen könnten Sie auf Kriege, Umweltzerstörung, Hunger in der dritten Welt etc. hinweisen, in unserem Land evtl. auf die Arbeitslosigkeit und das Problem der Steuerumverteilung, in Ihrer Stadt auf Verkehrs-, Bau- und Umweltprobleme, in Ihrer Firma sehr vorsichtig auf die noch nicht optimal organisierte Gleitarbeitszeit etc.

Zu Ihrer Familie

- **Wie sieht Ihre aktuelle Lebenssituation aus?**

Hintergrund: Mit wem leben Sie zusammen? Als Single, mit Lebens- oder EhepartnerIn?
Hinweise: Verliebt, verlobt, verheiratet, geschieden, verwitwet, Kinder? Alles Themen, die den Arbeitgeber eigentlich absolut nichts angehen. Aber allzu häufig fragt er nun mal leider unzulässigerweise danach. Und wenn Sie dann beichten müssen, noch immer mit Ihrer 93jährigen Frau Mama zusammenzuleben, entstehen vielleicht grundsätzliche Zweifel an Ihrer »Muttivation«.

- **Stellen Sie uns doch bitte mal Ihre Familie vor.**
- **(Gegenfrage: Welche? Meine Ursprungsfamilie oder meine jetzige?)**

Hintergrund: Neugieriges Informationsbedürfnis über den Bewerber und das Milieu, das ihn umgibt, aus dem er kommt (möglicherweise also beide Familien ...).
Hinweise: Gehen Sie nicht zu sehr ins Detail, Sie müssen sich nicht rechtfertigen, warum Sie z. B. geschieden, wieder verheiratet oder überhaupt nicht verheiratet bzw. liiert sind. Ebenso: Warum Sie sich keine oder zahlreiche (ab 3) Kinder leisten und was Ihre eigenen Eltern gemacht bzw. versäumt haben, wie es bei Ihnen zu Hause damals zuging ... (vgl. auch S. 43: Notlügen aus Notwehr).

- **Was macht Ihre Frau / Ihr Mann beruflich, und wo?**

Hintergrund: Abchecken der sozialen Verhältnisse. Devise: Zeige mir deinen Partner, und ich weiß ein bißchen mehr, wer und wie du bist.
Hinweise: Seien Sie sich darüber im klaren, daß Sie eine relativ konfliktfreie, weitgehend problemlose heile Welt präsentieren müssen.

- **Was sagt Ihr Lebenspartner zu Ihren Plänen? Gibt es da evtl. Probleme? (Umzug/Arbeitszeiten etc.)**

Hintergrund: Bekommen Sie Unterstützung? Ist Ihr Lebenspartner mit Ihren Plänen einverstanden, oder gibt es da Hemmnisse?
Hinweise: Wer hier nicht überzeugend positiv auftritt oder gar zugeben muß, noch nichts besprochen, nichts geklärt zu haben, sammelt Minuspunkte.

Zu Ihrem sozialen Hintergrund

- **Gibt es Bereiche, in denen Sie sich besonders engagieren?**

Hintergrund: Wie sieht es mit politischen oder sozialen Prioritäten aus, für die Sie sich bisher engagiert haben (Parteien, Gewerkschaften, Bürgerinitiativen, Kirche, Vereine, soziale Institutionen – z. B. Telefonseelsorge, Anonyme Alkoholiker, Spastikerhilfe, Greenpeace, Amnesty International, DRK etc.)?

Hinweise: Machen Sie sich bewußt, welches Bild Sie von sich entwerfen, wenn Sie sich zu dem einen oder anderen sozialen oder politischen Engagement bekennen, und wie das wohl von Ihrem potentiellen Arbeitgeber eingeschätzt wird.

- **Mit welchen Menschen sind Sie gerne zusammen, und was verbindet Sie mit diesen?**

Hintergrund: »Zeige mir deine Freunde, und ich sage dir, wer du bist« – Informationen über Dritte sind Informationen über einen selbst. Sind Sie kontaktorientiert?
Hinweise: Natürlich geht es nicht wirklich um Herrn oder Frau XY aus Ihrem Freundes- und Bekanntenkreis, sondern um Sie. Wie sehen Ihre sozialen, zwischenmenschlichen Beziehungen aus – quantitativ und qualitativ?

5. Gesundheitszustand

- **Waren Sie schon mal ernstlich erkrankt?**
- **Bestehen bei Ihnen gesundheitliche Einschränkungen mit beruflichen Auswirkungen?**
- **Gab es Krankenhausaufenthalte/Unfälle, leiden Sie an Allergien?**

Hintergrund: Wie steht es um Ihre uneingeschränkte gesundheitliche Leistungsfähigkeit?
Hinweise: Absolute Gesundheit gibt es wohl heutzutage kaum. Lassen Sie trotzdem keine Zweifel daran aufkommen, daß es bei Ihnen keine berufsrelevanten Beeinträchtigungen gibt (Sie sind hier ja nicht beim Arzt; siehe auch Rechtsprobleme des Vorstellungsgesprächs, S. 43).

Der Arbeitgeber darf sich nur nach aktuellen Erkrankungen erkundigen, die die berufliche Leistungsfähigkeit einschränken. Hier werden sehr häufig die rechtlich zulässigen Frage-Grenzen überschritten – also aufgepaßt! Sollten Sie Zweifel haben, ob Sie ganz gesund sind, fragen Sie Ihren Arzt, aber lassen Sie keine Zweifel im Vorstellungsgespräch aufkommen. Bagatellerkrankungen, wie z. B. auch ein kleinerer, jährlich wiederkehrender Heuschnupfen, gehen den Arbeitgeber nichts an.

- **Waren Sie im letzten Jahr mehr als zweimal beim Arzt?**
- **Haben Sie einen Hausarzt?**

Hintergrund: Fangfragen zur Überprüfung des Gesundheitszustandes im Hinblick auf befürchtete Fehlzeiten.
Hinweise: Achtung aufgepaßt – nicht (ver)plappern. Das sind üble Rhetoriktricks, auf die man nicht hereinfallen darf (siehe dazu auch S. 118 ff.).

6. Berufliche Kompetenz und Eignung

- **Wie gut kennen Sie sich in unserer Branche, in unserem Metier aus?**
- **Wie schätzen Sie die aktuelle (zukünftige) Marktsituation ein?**

Hintergrund: Wie sieht Ihr aktueller Wissensstand aus? Können Sie kompetent mitreden, einschätzen, beurteilen?
Hinweise: Es gilt das schon mehrfach zum Thema Vorbereitung/Recherche Gesagte. Sollten Sie bei einer dieser Fragen trotz guter Vorbereitung nicht genug Hintergrundwissen haben, bekennen Sie sich dazu. Es macht Sie nicht unsympathisch, wenn Sie in Maßen Kenntnislücken zugeben.

- **Kennen Sie ... (dieses Verfahren, die Person, die Diskussion um etc.)?**
- **Was ist Ihre Meinung über ...?**
- **Wie beurteilen Sie ...?**
- **Was würden Sie machen, wenn ...?**

Hintergrund: Test von Informationsstand und Fachwissen bis hin zur Aufforderung, spontan im Gespräch eine »Mini-Arbeitsprobe« abzulegen.
Hinweise: Hier werden Sie selbst am besten wissen, wie Sie auf diese Fra-

gen zu reagieren, zu antworten haben. Möglicherweise handelt es sich auch um eine Testfrage, mit der man Sie aufs Glatteis führen will und das XYZ-Verfahren, von dem man suggestiv behauptet, daß Sie es doch sicherlich kennen, existiert in Wirklichkeit überhaupt nicht. Also bekennen Sie sich ggf. zum Nichtkennen.

- **Welche Publikation (Fachbuch/Artikel) aus Ihrem Arbeitsgebiet hat Sie in der letzten Zeit besonders beschäftigt?**
- **Welche Fachzeitschriften haben Sie abonniert, lesen Sie regelmäßig?**
- **Welche Kongresse, Fachtagungen, Weiterbildungen etc. haben Sie in der letzten Zeit besucht?**

Hintergrund: Überprüfung von Engagement, Motivation und Kompetenz in fachlicher Hinsicht.
Hinweise: Siehe Hinweis zur vorigen Frage. Eine aktuelle, auch fachwissensbezogene Vorbereitung (in Maßen) zahlt sich hier aus.

- **Auf welchem Sektor lag Ihr Ausbildungsschwerpunkt, und wie kam es dazu?**
- **Was würden Sie als Ihren aktuellen, spezifischen Arbeitsschwerpunkt bezeichnen?**

Hintergrund: Wie kompetent können Sie sich und Ihr Arbeitsgebiet darstellen? Auch die Art und Weise Ihres »Vortrags« wird an dieser Stelle mitbewertet.
Hinweise: Fragen nach Ihrer Ausbildung (evtl. Lehre, Studium) und der ersten beruflichen Einstiegsposition kommen sicherlich bei einem gestandenen Praktiker seltener vor. Dennoch ist es wichtig, auf derartige Nachfragen, bei denen es auch um die Verknüpfung von Vergangenheit und Gegenwart geht, nicht ganz unvorbereitet zu sein.

- **Was schätzen Sie: Wie lange brauchen Sie, um sich bei uns in Ihr neues Aufgabengebiet einzuarbeiten?**

- **Auf welchem Gebiet haben Sie noch größere Defizite, und was gedenken Sie dagegen zu tun?**

Hintergrund: Wie realistisch ist Ihre Selbsteinschätzung, und wie gehen Sie mit kritischen Fragen zu Ihrer Person um?
Hinweise: Bei der ersten Frage wären Ihrerseits Hinweise auf Unterstützung und Kooperation durch den Arbeitgeber, Fachvorgesetzte und Kollegen angemessen, auf die Sie in der ersten Zeit angewiesen sind. Natürlich haben Sie Defizite, die Sie aber vielleicht jetzt noch nicht ganz überblicken und dank der betrieblichen Unterstützung und Ihres besonderen Einarbeitungsengagements sowie Ihrer Fortbildungsbereitschaft schnellstens beheben werden können. Empfehlung: Bloß nicht kränken oder provozieren lassen.

- **Können Sie uns noch einmal verdeutlichen: Was spricht für und was gegen Sie als unser Kandidat?**
- **Warum sollten wir gerade Sie einstellen?**

Hintergrund: Abermals ein Test zur Selbsteinschätzung und -darstellung.
Hinweise: Eine Kurzzusammenfassung der Argumente, die für Sie sprechen, ist jetzt gefordert. Gut, daß Sie darauf vorbereitet sind ... An Argumenten gegen Ihre Person fällt Ihnen höchstens eins ein, maximal anderthalb. Natürlich etwas relativ Harmloses, was jeder potentielle Arbeitgeber leicht entkräften könnte. Sie werden doch nicht selbst den Stab über sich brechen.

- **Was machen Sie, wenn Sie den Arbeitsplatz bei uns nicht bekommen, wenn wir uns für einen anderen Bewerber entscheiden?**

Hintergrund: Wie verarbeiten Sie Frustrationen, und inwieweit zeigen Sie dies?
Hinweise: Weder wären Sie völlig zerknirscht oder am Boden zerstört noch heilfroh und glücklich, wenn Ihnen dieser Job erspart bliebe. Bringen Sie zum Ausdruck, daß Sie eine Entscheidung gegen Sie als Kandidat be-

dauern, aber akzeptieren würden (was bleibt Ihnen auch übrig!). Sie sind – wie auch immer – derzeit gut verankert und keinesfalls auf den neuen Arbeitsplatz absolut angewiesen.

7. Informationen für den Bewerber

Früher oder später im Gespräch kommt der Moment, daß Ihr Gegenüber berichten will, wie es bei ihm in der Firma/Institution zugeht. Das ist eine wichtige Gesprächsphase, in der es vor allem auf Ihre demonstrative Zuhörfähigkeit ankommt – im Psychojargon »aktives Zuhören« genannt.

Hintergrund: Selbstdarstellungslust und Imagepflege auf Arbeitgeberseite.
Hinweise: Hören Sie wirklich aufmerksam zu, unterbrechen Sie nicht leichtfertig, machen Sie einen stark interessierten Eindruck, fragen Sie nach, und eröffnen Sie Ihrem Gegegenüber auf diese Weise neue Selbstdarstellungsfelder. Er wird es Ihnen danken.

Verdeutlichen Sie aber auch, daß Sie sich vorbereitet haben und einige Informationen bzw. Details bereits wußten, ohne arrogant »heraushängen« zu lassen: »Weiß ich schon alles«. So sammeln Sie auf leichte Art und Weise Sympathiepunkte.

Häufig steht ein Teil der Informationen für den Bewerber bereits am Anfang des Gespräches. Dann haben sie u.a. die Funktion, das Gespräch einzuleiten und die Aufregung des Bewerbers abzubauen. Dennoch besteht auch immer mitten im Gespräch die Chance, den Gesprächspartner zur Selbstdarstellung anzuregen und so viele angenehme (Zuhör-) Minuten mit leicht verdienten Sympathiepunkten zu verbringen.

Spätestens in dieser Phase des Gespräches ist nun auch Ihr Gegenüber in einer Bewerbungsposition, und das Rollenspiel wechselt ein bißchen.

Übrigens: An der Qualität und Quantität des Informationsangebotes und seiner Vermittlung können Sie durchaus das Interesse an Ihrer Person sowie Ihren Stellenwert als Bewerber erkennen.

8. Arbeitskonditionen

Es liegt auf der Hand: In einer ersten Vorstellungsrunde sind Sie einer von mehreren Kandidaten. Möglicherweise hat der Arbeitsplatzanbieter noch nicht alle Bewerber kennengelernt, so daß die Arbeitskonditionen in einem ersten Gespräch nicht die gleiche wichtige Rolle spielen wie zu einem späteren Zeitpunkt des Bewerbungsverfahrens, z. B. in einem zweiten Vorstellungsgespräch.

Trotzdem geht es natürlich darum, schon in der ersten Gesprächsrunde grob abzuklären, ob man sich auf die Rahmenbedingungen einigen könnte.

Diese beinhalten auch inhaltliche Aspekte des potentiellen Arbeitsplatzes. Am Beispiel der Unterpunkte eines fiktiven Arbeitsvertrages zeigen wir auf, worum es hier gehen kann:

Aufgabengebiet; Arbeitszeit; Probezeit; Kündigungsfristen; Kompetenzen und Vollmachten; Urlaubsregelung; Bezahlung; Geheimhaltungspflichten; Konkurrenz-/Wettbewerbsschutz; Nebenbeschäftigung; Vertragsänderungen; sonstige Abmachungen, Sondervereinbarungen wie z. B. Dienstwagen, Altersversorgung, Umzugskosten, Trennungsentschädigung, Reisekostenvergütung, Unfallversicherung, Sonderzahlungen bei längerer Erkrankung etc.

Wie gesagt: Detailliert verhandelt werden diese Aspekte erst, wenn man wirklich in die absolut engere Wahl gekommen ist, sehr selten gleich beim ersten Vorstellungsgespräch. Halten Sie sich also mit Fragen in dieser Richtung stark zurück. Jetzt ist dafür noch nicht der richtige Zeitpunkt.

Trotzdem – an dieser Stelle zwei Kernfragen:

- **Welche Gehaltsvorstellung haben Sie?**
- **Wie hoch sind Ihre aktuellen Bezüge?**

Hintergrund: Das alte Spiel: Der Preis ist heiß. Zahlemann & Söhne.
Hinweise: Können Sie den Wert Ihrer Arbeitsleistung angemessen einschätzen? In welchem Verhältnis steht Ihre Forderung zu Ihren jetzigen Bezügen? (s. S. 92 ff.).

- **Wann könnten Sie bei uns anfangen?**
- **Wenn wir uns für Sie entscheiden, brauchen wir Sie sofort. Ist das möglich?**

Hintergrund: Wie integer sind Sie, wie loyal Ihrem alten Arbeitgeber gegenüber? Wie weit lassen Sie sich unter Druck setzen und manipulieren?
Hinweise: Tappen Sie nicht in die Loyalitätsfalle, auch wenn Ihnen viel an diesem neuen Job liegt. Sie verlassen Ihren alten Arbeitsplatz nicht »Hals über Kopf«, laufen nicht einfach davon, weder jetzt bei Ihrem alten noch später bei dem neuen Arbeitgeber. Die vertraglichen und arbeitsrechtlichen Spielregeln sind allgemein bekannt. Trotzdem: Gegen eventuelle Sondierungsgespräche mit Ihrem alten Arbeitgeber bezüglich eines früheren Austrittstermins ist nichts zu sagen.

9. Fragen des Bewerbers

In jedem Vorstellungsgespräch gibt es einen programmierten Rollenwechsel, in der Art, daß Sie als Bewerber nun Fragen stellen dürfen, die Ihr Gesprächspartner beantworten wird.

Hintergrund: An den klugen Fragen erkennt man »einen klugen Kopf«, einen motivierten und kompetenten Bewerber. Was Sie jetzt wissen wollen, wird hinterfragt, auf Sinngehalt und aktives Interesse hin überprüft.
Hinweise: Sollten Sie mit Themen auffallen, die Sie eigentlich im Vorfeld hätten klären können oder durch aufmerksames Zuhören an einer anderen Stelle des Gesprächs längst hätten »speichern« müssen, erzielen Sie einen negativen Effekt.

Wer zuerst auf die Betriebsrente oder den Urlaub zu sprechen kommt, ist für sein Negativimage selbst verantwortlich. Sinnvolle Fragen können sich u. a. auf folgende Aspekte beziehen: Aufgabengebiet, Zuständigkeit, Verantwortung, Kooperationspartner, globale Bezahlung. Gehen Sie hier nicht weiter ins Detail. Beachten Sie den Hinweis: Detailliert verhandelt wird erst, wenn … (s.a. S. 92 ff.).

Übrigens: Es macht keinen schlechten Eindruck, wenn Sie schriftlich vorbereitete Fragen »aus der Tasche ziehen« und sich auch während der verbalen Ausführungen Ihres Gegenübers gelegentlich dezent Notizen machen.

Hier einige Beispielfragethemen (eventuell auch für das zweite Vorstellungsgespräch, s. S. 143):

- Ist diese Position/dieser Arbeitsplatz neu geschaffen worden oder fester Bestandteil in Ihrem Unternehmen?
- Wer hat diese Aufgabe bisher wahrgenommen?
- Mit welchem Erfolg, was gab es für Probleme?
- Warum ist der Arbeitsplatz frei geworden?
- Was macht der ehemalige Stelleninhaber jetzt?
- Haben Sie eine detaillierte Stellenbeschreibung, darf ich die sehen, mitnehmen?
- Gibt es ein Organigramm (Organisationsplan), in dem der ausgeschriebene Arbeitsplatz dargestellt wird?
- Mit welchen Personen, Abteilungen werde ich zusammenarbeiten?
- Welche speziellen Erwartungen haben Sie an den neuen Stelleninhaber?
- Was meinen Sie, sollte dieser als erstes tun, was ist das Wichtigste?
- Ist die Möglichkeit gegeben, die neuen Kolleginnen und Kollegen, mit denen ich zusammenarbeiten würde, vorab kennenzulernen?
- Welchen beruflichen Hintergrund haben die zukünftigen Kollegen, Vorgesetzten?
- Wie ist die Einarbeitungsphase geplant? (Ansprechpartner, Programm, auch: wo, wie lange?)
- Welche späteren Entwicklungsmöglichkeiten gibt es für mich von dieser Position aus?
- Welche Fort- u. Weiterbildungsangebote gibt es in Ihrem Unternehmen?
- In Ihrer Anzeige (in Ihren Unterlagen) schreiben Sie … Was verstehen Sie darunter?
- Welche aktuellen Vorhaben stehen in Ihrem Hause für die nahe Zukunft an?

- Welche Probleme in Ihrem Unternehmen bedrücken Sie am meisten?
- Wie würden Sie den Führungs- und Umgangsstil in Ihrem Haus charakterisieren?

Und noch einmal: Machen Sie nicht den Fehler, Fragen zu stellen, als ob Sie bereits sicher wären, morgen anfangen zu können und im nächsten Moment den Arbeitsvertrag zu unterschreiben. Dieser und seine Konditionen sind noch weitestgehend tabu. Aber auch ein Nachfragen in Richtung: »Wie werden Sie sich entscheiden, wann höre ich von Ihnen, und wie sind meine Chancen«, sind zu diesem Zeitpunkt noch nicht opportun.

Zeigen Sie abermals Geduld und Gelassenheit. Geben Sie Ihrem Gegenüber nicht das Gefühl, bedrängt zu werden. Zeigen Sie sich interessiert, aber auch abwartend.

10. Abschluß des Gesprächs und Verabschiedung

- **Warum sollten wir gerade Ihnen den Arbeitsplatz geben?**
- **Können Sie bitte noch einmal kurz zusammenfassen, was Ihre Stärken, aber auch Ihre Schwächen sind?**

Hintergrund: Wie auch in der Gesprächsphase 4 (Zu Ihrer Person) erläutert, geht es um negative, aber vor allem um positive Eigenschaften, die Sie charakterisieren und vor allem in einen Bezug zum angestrebten Arbeitsplatz bringen sollten.
Hinweise: Diese Aufforderung können Sie gut benutzen, um noch einmal die wichtigsten Argumente für Ihre Person und Bewerbung zusammenfassend vorzutragen (im Stil etwa: 1. ..., 2. ..., 3. ...). Negative Argumente fallen Ihnen nicht ein, bzw. überlassen Sie diese (später) Ihrem Gesprächspartner. Achtung: Wiederholungsfrage!

Zum Schluß kommt es auf den Versuch eines angenehmen »Abgangs« an, auch unter dem Aspekt der Imagepflege für den Arbeitsplatzanbieter. Man wird sich bei Ihnen für Besuch, Bewerbung und das Interesse an der Firma/Institution bedanken.

Wichtig ist nun eine Klärung, wie es weitergeht, wer voraussichtlich wann zu einer Entscheidung gelangt. Dies alles sollte aber ohne Bedrängung, Ungeduld oder gar Selbst-(Ver-)Zweifel(ung) vorgetragen werden.

Kommen Sie also bloß nicht auf die Idee, direkt oder verklausuliert zu fragen: »Wie finden Sie mich?« (Im Zweifel ohne Brille gar nicht!) oder: »Wie werden Sie sich entscheiden?« Das braucht naturgemäß Zeit, und die haben Sie, denn Sie stehen ja nicht (erkennbar) unter Druck. Unser Vorschlag: »Was meinen Sie, wie sollten wir verbleiben? Soll ich Sie anrufen – sagen wir in einer Woche –, oder melden Sie sich, bekomme ich Nachricht von Ihnen?«

Nun unser letzter Hinweis: Be prepared. Keep smiling. Beim Rausgehen vor der Bürotür auf jeden Fall die Contenance bewahren. Die Tür nicht zuknallen, nicht erleichtert aufatmen (und wenn, nur ganz leise), keine Flüche, weiterhin aufrecht gehen ...

Nun einige Spezialfragen an besondere Bewerbergruppen wie Azubis, Arbeitslose und Führungskräfte. Leider sehen sich Frauen beim Vorstellungsgespräch immer noch häufig mit speziellen Vorbehalten, Vorurteilen und daraus resultierenden Fragen konfrontiert.

Spezialfragen an Azubis, an Arbeitslose, an Führungskräfte

Fragen an Azubis

Nachfolgend das modifizierte Ablaufschema für Vorstellungsgespräche mit Lehrstellensuchern:

1. Begrüßung und Einleitung des Gesprächs s.o.

2. Bewerbung und Berufswahl

Ergründung von Motivation, Interesse und Informationsstand zum gewünschten Beruf durch Fragen wie:

- **Warum bewerben Sie sich für den Beruf der/des .../die Ausbildung für ...? (Die wichtigste Frage im ganzen Gespräch!)**
- **Wie sind Sie darauf gekommen, und seit wann interessieren Sie sich für diesen Beruf?**
- **Welche Vor- und Nachteile sehen Sie an diesem Beruf?**

3. Schule, Ausbildung und bisherige Tätigkeiten

(Interessen, Neigungen – Zusammenhang mit Berufswahl)

- **In welchen Schulfächern haben Sie gute und in welchen schlechte Noten und warum?**
- **Wie sind Sie mit Lehrern und Mitschülern ausgekommen?**
- **Bisherige praktische Erfahrungen**

4. Persönlicher, familiärer und sozialer Hintergrund

(Testen des sozialen Umfeldes, etwa nach dem Motto: »Zeige mir deine Familie und Freunde, und ich sage dir, wer du bist!«)

Fragen nach Beruf und Arbeitgeber der Eltern, Geschwister und sogar der Freunde, bis hin zu tiefgehenden Einbrüchen in die Intimsphäre (»Seit wann sind denn Ihre Eltern geschieden? – Welche Rolle spielt Alkohol in der Familie?«) Fragen nach Lektüre (Welche Tageszeitung? Welche Bücher?)

- **Haben Sie einen Freund/eine Freundin? Wollen Sie heiraten?**

Achtung: In dieser Fragerubrik werden die meisten aus arbeitsrechtlicher Sicht unzulässigen Fragen gestellt.

5. Gesundheit

(Evtl. gesundheitliche Einschränkungen der Leistungsfähigkeit und Einsatzmöglichkeiten, Allergien s.o.)

6. Spezielle Test- und Prüfungsfragen

(Informiertheit, allgemeines und berufsbezogenes Wissen, evtl. unzulässige Erkundung der politischen Meinung)

- **Welche tagespolitischen Ereignisse beschäftigen Sie?**

- **Wie könnte man die Arbeitslosigkeit abbauen?**
- **Wie stehen Sie zum Problem der Atomenergie?**

Fragestellungen aus dem künftigen Arbeitsgebiet (z.B. als Bankkaufmann: Was machen Sie, wenn ein Kunde ein Konto eröffnen will?)

7. Information für den Bewerber
die der Interviewer über Firma/Institution, Beruf und Ausbildung gibt (Überprüfung von Interesse und Aufmerksamkeit/Imagepflege – Achtung: manchmal auch als selbstgestrickter Merkfähigkeitstest, die gegebenen Infos werden zu einem späteren Zeitpunkt des Vorstellungsgesprächs abgefragt).

8. Fragen des Bewerbers
(s.o., dient der Überprüfung des aktiven Interesses des Bewerbers – fragen Sie bloß nicht zuerst nach dem Urlaub!)

9. Abschluß des Gesprächs und Verabschiedung (s.o.)

Fragen an Arbeitslose

Sollten Sie sich aus der schwierigen Situation der Arbeitslosigkeit heraus bewerben, erwarten Sie einige besondere Fragen, u.a.:

- **Wie kam es zu der Arbeitslosigkeit?**

Hintergrund: Welche Verantwortung tragen Sie für Ihre Arbeitslosigkeit? Haben Sie mehr oder weniger daran schuld? Was ist mit Ihnen los?
Hinweise: Bleiben Sie bei diesen Fragen gelassen, auch wenn es schwerfällt. Seien Sie auf Fragen dieser Art vorbereitet, und überzeugen Sie durch eine glaubwürdig und plausibel klingende Argumentation.

- **Wie lange dauert diese Arbeitslosigkeit bereits an? Wie oft haben Sie sich schon erfolglos beworben?**

Hintergrund: Schwachstellen finden; Mißtrauen.

Hinweise: Siehe vorherige Frage/Hinweise. Einerseits gilt es zu zeigen, daß Sie sich aktiv um einen neuen Arbeitsplatz bemüht haben, andererseits sind 100 Ablehnungen keine Empfehlung. Finden Sie das für Sie und Ihren Interviewpartner richtige Maß – etwa auch so: einige Bewerbungen laufen noch, die Ergebnisse stehen noch aus.

- **Was haben Sie zwischenzeitlich gemacht?**

Hintergrund: Was für ein Mensch sind Sie (aktiv/ruhig)? Haben Sie etwas unternommen (Bewerbungen) und/oder sich fortgebildet?
Hinweise: Wer von langem Ausschlafen, Urlaub und Wohnungsrenovierung erzählt, hat keine Chancen. Berichte von Aushilfsjobs bis Schwarzarbeit werden je nach Gesprächspartner und Temperament Ihr Image und damit Ihre Chancen für den Arbeitplatz beeinflussen. Berichte über Fortbildungsmaßnahmen kommen auf jeden Fall gut an (z.B. Volkshochschulkurse).

- **Sind Sie förderungsberechtigt durch das Arbeitsamt?**

Hintergrund: Zahlt das Arbeitsamt dem Arbeitgeber Geld für Sie? Lohnt sich für den Arbeitgeber das »Experiment«, Sie einzustellen?
Hinweise: Informieren Sie sich beim Arbeitsamt.

- **Trauen Sie sich die Aufgabe wirklich zu?**

Hintergrund: Wie ist Ihr Selbstwertgefühl, Ihr Selbstbewußtsein trotz Ihrer schwierigen Situation?
Hinweise: Verdeutlichen Sie, warum Sie sich die gestellten Aufgaben zutrauen können, ohne überheblich zu wirken. Bleiben Sie, obwohl es Ihnen sicherlich schwerfällt, (wenigstens) äußerlich ruhig und gelassen (und natürlich höflich).

Zusammenfassend: Ein Vorstellungsgespräch aus der Arbeitslosigkeit heraus erfordert eine ganz besonders gute Vorbereitung.

Fragen an Führungskräfte

Hier noch einmal gezielte Fragen, mit denen Führungskräfte in Vorstellungsgesprächen häufig konfrontiert werden.

- **Was bedeutet Mitarbeiterführung?**
- **Wie definieren Sie die Hauptaufgaben einer Führungskraft?**
- **Welchen Führungsstil bevorzugen Sie?**

Hintergrund: Haben Sie sich mit diesen Begriffen und der dazu geführten aktuellen Diskussion auseinandergesetzt? Wie ist Ihr Standpunkt, wie sieht Ihre persönliche Philosophie aus?
Hinweise: Zeigen Sie Kompetenz durch fundiertes Hintergrundwissen, das Sie prägnant in ein bis zwei Minuten zum Ausdruck bringen können.

- **Was schätzen Sie: Wie lange brauchen Sie zur Einarbeitung in Ihr neues Arbeitsgebiet bei uns?**
- **Auf welchem Gebiet haben Sie noch größere Defizite, und was gedenken Sie dagegen zu tun?**

Hintergrund: Wie realistisch ist Ihre Selbsteinschätzung, und wie gehen Sie mit kritischen Fragen zu Ihrer Person um?
Hinweise: Bei der ersten Frage wären Ihrerseits Hinweise auf eine erwartete Unterstützung und Kooperation durch den Arbeitgeber angemessen, auf die Sie in der ersten Zeit angewiesen sind. Natürlich haben Sie Defizite, die Sie wahrscheinlich nicht ganz überblicken und doch dank der betrieblichen Unterstützung sowie mit Hilfe Ihrer Fortbildungsbereitschaft schnell beheben können. Empfehlung: Nicht kränken oder provozieren lassen, im Prinzip zustimmen und Mao zitieren: Handeln heißt lernen. Also lebenslängliche Lernbereitschaft signalisieren.

- **Was sind Ihre ganz persönlichen Lebensziele?**
- **Was möchten Sie persönlich für sich in naher/ferner Zukunft erreichen?**

Hintergrund: Lebensplanung und Zielsetzungen beruflicher wie privater Art gehören zum Idealbild der »guten« Führungskraft.
Hinweise: Lernen, Leistung, Vorwärtskommen. Haben Sie ein Gespür dafür, was man hier wohl von Ihnen hören will. Achtung: Es geht primär um Berufliches – vermeiden Sie private Offenbarungen.

- **Zurück in die Gegenwart: Welche Eigenschaften sollte Ihr potentieller Nachfolger für Ihren alten Arbeitsplatz haben?**
- **Ganz allgemein: Welche Eigenschaften sollte Ihr Stellvertreter haben?**

Hintergrund: Erneute (versteckte) Aufforderung zur Selbstcharakterisierung und Aufdeckung der Konflikte am jetzigen, alten Arbeitsplatz.
Hinweise: Verplauschen Sie sich nicht bei diesem Versuch, Konflikthintergründe an Ihrem aktuellen Arbeitsplatz zu erhellen. Die zweite Frage zielt noch einmal auf Ihre persönlichen Qualitäten, aber auch auf eventuelle Schwächen.

- **Was zeichnet Ihrer Meinung nach eine gute Führungskraft aus?**
- **Was einen guten Vorgesetzten?**
- **Was einen guten Mitarbeiter?**

(Anschließend diese drei Fragen mit umgekehrtem Vorzeichen – »schlechte Führungskraft« usw.)

- **Was schätzen Sie an Ihren Arbeitskollegen/Vorgesetzten – was nicht?**
- **Worin unterscheiden Sie sich Ihrer Meinung nach von Ihrem jetzigen Vorgesetzten?**

Hintergrund: Haben Sie ein idealtypisches Anforderungsprofil – auch für Ihre eigene Person? Wissen Sie, worauf es ankommt? Wiederum: Wie gehen Sie mit schwierigen Fragen um?
Hinweise: Besonders heikel ist die letzte Frage. Der Unterschied liegt in der Position (Gehalt und Verantwortung). Zeigen Sie Wertschätzung für Ihren Vorgesetzten, machen Sie aber auch ggf. deutlich, daß Sie in be-

stimmten Situationen anders entschieden hätten. Zeigen Sie Respekt und die richtige Mischung aus Selbstbewußtsein und Loyalität.

Im Vordergrund des Auswahlgesprächs mit Führungskräften steht ganz besonders deren Persönlichkeit. Hier wird noch um einiges mehr der (vermeintliche) Small talk regieren. Nichtsdestotrotz geht es auch bei dieser Personengruppe um die großen zehn Themen. Mehr dazu finden Führungskräfte in unseren speziellen Bewerbungsstrategieratgebern.

Frauenfragen – vom Umgang mit Männervorurteilen

Über 50% der Frauen im Alter zwischen 15 und 65 Jahren sind in Deutschland berufstätig. In Spitzenpositionen von Wirtschaft, Industrie und Handel findet man dagegen nicht einmal sechs Prozent von ihnen. Selbst im öffentlichen Dienst ist die Quotierung nicht viel besser. Die Vorstellungsgespräche leiten in der Regel Männer.

Bei Vorstellungsgesprächen mit Bewerberinnen stehen die Themen Motivation, Kompetenz und Persönlichkeit noch deutlicher im Vordergrund. Die entsprechenden generellen Fragen haben wir Ihnen ja bereits vorgestellt.

Was wollen, was können Sie, und trauen Sie sich diese Aufgabe wirklich zu? – ist der möglicherweise skeptische Unterton von Männerseite. Nicht selten kommt es sogar zu dem Versuch des Fragen- (und Fallen-)stellers, Ihnen die ganze Bewerbung um den Arbeitsplatz, den Job auszureden. Ein übler Motivationstest!

Mit welchen speziellen Fragen muß frau rechnen?

- **Warum sollten wir uns gerade für Sie entscheiden?**

gibt Ihnen nochmals Gelegenheit, Ihre überzeugende Argumentation zusammenzufassen. Spätestens mit der Frage:

- **Was sagt denn Ihre Familie dazu (Partner/Kinder, so Sie welche haben)?**

wird sicherlich die spezifische »Frauenfragerunde« eingeläutet. (Hören Sie diesen sehr schwer zu beschreibenden Unterton in dem Männer-Fragesatz?)

- **Wie regeln Sie das mit den Kindern (sofern Sie welche haben, die noch zu versorgen sind) ...? Oder den Haushalt ...?**

Und wenn Sie ledig sind, aber »im heirats- und gebärfähigen Alter«, kommt es »knüppeldick«.

Fragen wie ...

- **Wie stellen Sie sich Ihre Zukunft vor?**
- **Wie sieht Ihr Lebensplan aus?**

haben noch einen etwas anderen Hintergrund für Sie als Bewerberin. Klar: Es geht um die Themen Heirat und Kinderkriegen.

Bleiben Sie cool – lassen Sie sich überhaupt nicht provozieren –, denn das ist es, was mann unter anderem will: Sie aus der Fassung bringen und hysterisch ausflippen sehen. Da Sie dies aber längst durchschaut haben und über eine ungeheure Sozialkompetenz verfügen (die vielen Männern nicht geheuer ist!), bewältigen Sie diesen Teil des Frage-Antwortspiels mit Charme und ggf. Vergebung.

Weiter geht's mit Fragen in der Richtung:

- **Familie oder Beruf? Wie kommt's, wie ist's, wie geht's bei Ihnen ...?**

Besonders Frauen werden im Vorstellungsgespräch häufig mit unzulässigen Fragen konfrontiert. Schwangerschaft, Partnerbeziehung und Familienleben gehen den Arbeitgeber – wie dargelegt – absolut nichts an (vgl. S. 43 ff.).

Typische Beispiele dafür sind:

- **Erzählen Sie etwas über Ihre aktuelle Lebenssituation.**
- **Wie sind Ihre Kinder versorgt, während Sie arbeiten?**
- **Wie sieht Ihre Familienplanung aus?**

Hintergrund: Der Arbeitgeber befürchtet ökonomische Einbußen infolge von Fehlzeiten (Schwangerschaft, Krankheiten der Kinder etc.) der potentiellen Arbeitnehmerin. Eine andere Variante: Falls Sie einen Mann haben, der viel Geld verdient, wird Ihnen schnell mangelnde Arbeitsmotivation unterstellt.
Hinweise: Vorsicht! Die Frage zur aktuellen Lebenssituation, im Klartext: ob und mit wem Sie zusammenleben, geht den neuen Arbeitgeber nichts an. In der Regel jedoch wird danach gefragt. Ehefrau und drei reizende Kinder sind für einen männlichen Kandidaten ein gutes Aushängeschild. Bei Frauen kann mittels dieser Frage die entscheidende Weiche für eine Absage gestellt werden. Seien Sie sehr, sehr gut vorbereitet, und stellen Sie unmißverständlich klar, daß Ihre Kinder während Ihrer beruflich bedingten Abwesenheit hervorragend betreut sind.

Anfragen nach der Familienplanung und nach einer bestehenden Schwangerschaft sind prinzipiell verboten. Hier dürfen Sie ungestraft lügen. Diese Fragen sind grundsätzlich nicht (mehr) zulässig.

Nach einem Urteil des Europäischen Gerichtshofs vom 8.11.1990 (Rs. C – 177/88) ist die Frage nach einer Schwangerschaft selbst dann unzulässig, wenn sich nur Frauen auf den Arbeitsplatz bewerben. Diese Entscheidung hat bindende Wirkung. Damit ist jetzt die Frage nur noch für Stellen zulässig, die eine schwangere Frau gar nicht antreten könnte (z. B. als Mannequin oder Schauspielerin).

Ob Sie in absehbarer Zeit Kinder haben möchten oder wie Ihre Familienplanung überhaupt aussieht, sind ebenfalls unzulässige Fragen, die in Ihre Intimsphäre eingreifen. Also dürfen Sie auch hier so antworten, wie es für Sie vorteilhaft ist (Das Recht auf Lüge, s. S. 43 ff.).

- **Was sagt Ihr Lebenspartner zu Ihren Plänen?**
- **Wie können Sie Beruf und Familie miteinander vereinbaren?**

Hintergrund: Welche Unterstützung haben Sie, bzw. mit welchen Schwierigkeiten sind Sie zu Hause konfrontiert?
Hinweise: Für Bewerberinnen ist dies eine Frage, bei der die Antwort gut bedacht sein sollte. Frauen mit Kindern brauchen einen Mann, der hun-

dertprozentig hinter den beruflichen Plänen seiner Partnerin steht, und sollten ihn auf jeden Fall als solchen darstellen, damit der potentielle neue Arbeitgeber nicht daran zweifelt, daß der Partner im Notfall auch für die Kinder dasein wird. Die Realität lehrt jedoch, daß letztendlich meistens alles an den Frauen hängenbleibt ...Nicht nur bei Alleinerziehenden.

Aber auch für Bewerberinnen ohne Kinder kann die Frage nach der Einstellung des Partners zu Ihrer Berufstätigkeit eine Falle sein: Inwieweit würde der Partner beruflich zurückstecken, um seiner Frau eine Karriere zu ermöglichen? Ebenfalls nicht zu unterschätzen: Was würde bei einem berufsbedingten Ortswechsel des Partners passieren? Denn auch wenn sich eine Trendwende abzeichnet – noch immer geben viele Frauen ihren Arbeitsplatz auf, wenn der Ehemann sich beruflich verändert. Im umgekehrten Fall ...

- **Wollen Sie sich wirklich beruflich engagieren, oder ...?**

Hintergrund: Klassisches männliches Vorurteil (»Meinen Sie es wirklich ernst, und wie ernst meinen Sie es?« – Stichwort Angst ...).
Hinweise: Eine Frage, die einem Mann so wohl nie gestellt würde, aber eventuell Ihnen als Bewerberin. Männer als Entscheidungsträger in einem Unternehmen neigen dazu, lediglich zwei Kategorien von Mitarbeiterinnen zu kennen: diejenigen, die aus purem Vergnügen nur ein bißchen dazuverdienen wollen und die mann nicht recht ernst nehmen kann bzw. braucht, und dann diejenigen, die »richtig« Karriere machen wollen und vor denen mann sich wirklich in acht nehmen muß, weil sie für das eigene Fortkommen und Machtstreben gefährlich werden könn(t)en.

PS: In dieser Männerperspektive gibt es noch eine dritte Kategorie: Frauen, die alles falsch machen (in der Ehe und im Straßenverkehr, Frau am Steuer ...).

Wenn Sie sich während des Gesprächs durch die Frage nach Ihrem »wahren« beruflichen Engagement in die Enge getrieben sehen, heißt das oberste Gebot: cool bleiben. Was auch immer Sie sagen – es könnte zu Ihrem Nachteil ausgelegt werden. Deshalb gibt es dafür überhaupt kein

Patentrezept, Sie müssen einfach situationsbedingt reagieren und versuchen, die Bedenken Ihres Gegenübers zu zerstreuen ...

- **Sind Ihre Kinder öfter krank?**

Hintergrund: Nicht die altruistische Sorge um die Gesundheit Ihrer Kinder, sondern die egoistische Sorge um Ausfallzeiten und damit Kosten beschäftigt hier den Arbeitgeber.
Hinweise: Ihre Kinder haben Gott sei Dank die einschlägigen Krankheiten (und auch die Zähnchen) schon hinter sich ...Und Sorgen (Schule, Hasch) alles kein Problem bei Ihnen zu Hause, weil alles prima organisiert und in bester Ordnung ist. Jedoch Vorsicht vor zu glatter Darstellung und dem Neid, den mann Ihnen entgegenbringen könnte.

Aber nicht nur Frauen sehen sich mit ganz speziellen Fragen konfrontiert. Auch Azubis, Arbeitslose und Führungskräfte müssen sich – wie eben gezeigt – mit besonderen Fragen auseinandersetzen.

Zusammengefaßt hier die 11 wichtigsten Fragen

1. Erzählen Sie uns etwas über sich.
2. Warum bewerben Sie sich für diese Position?
3. Warum sind Sie der/die richtige Kandidat/in?
4. Was erwarten Sie für sich / von uns / dem Job?
5. Was sind Ihre Stärken/Schwächen?
6. Worauf sind Sie stolz, was sind Ihre Erfolge/Mißerfolge?
7. Was möchten Sie in 3/5/10 Jahren erreicht haben?
8. Warum haben Sie diesen Beruf gewählt?
9. Wo liegen Ihre Arbeitsschwerpunkte?
10. Wie verbringen Sie Ihre Freizeit?

Und dann noch die Frage:
Welche Fragen haben Sie an uns?

Geldfragen – die erfolgreiche Gehaltsverhandlung

Bestandteil eines Vorstellungsgespräches ist natürlich auch die Gehaltsverhandlung. Wie schon angedeutet, sollten Sie das Thema Geld nicht zu früh ansprechen. Unter Umständen wird es erst in einem zweiten Auswahlgespräch verhandelt.

Sicherlich ist es nicht ganz leicht für Sie, den Wert Ihrer Arbeitskraft realistisch einzuschätzen, wenn Sie z. B. als Bewerberin nach einer längeren Familien»pause« wieder in den Beruf einsteigen.

Als WiedereinsteigerIn sollten Sie sich Informationen über die aktuellen Tarifgehälter und Sonderleistungen von den jeweiligen Gewerkschaften, Industrie- und Handelskammern, Verbänden oder Interessengemeinschaften besorgen.

Wenn Sie Ihre Stelle wechseln möchten, haben Sie es einfacher: etwa 10 bis maximal 20% mehr als Ihr derzeitiges Gehalt sollten Sie von Ihrem neuen Arbeitgeber verlangen. Begehen Sie dabei nicht den Fehler, bei der konkreten Nachfrage nach Ihrem aktuellen Gehalt zu sehr zu mogeln – Personalchefs wissen in der Regel, was woanders gezahlt wird (s.S. 43 ff.: das Recht auf Lüge).

Und: Verhandeln Sie immer über das Jahresgehalt, und verdeutlichen Sie sich, bevor Sie in die Verhandlung gehen, durch eine präzise Aufstellung sämtlicher Neben- und Sonderleistungen, wie sich Ihr Gehalt in ihrer alten Firma zusammengesetzt hat. Nur so können Sie wirklich einen genauen Vergleich anstellen und sich entsprechend finanziell verbessern.

Gerade Frauen fällt es oft schwer, über ihr Gehalt und den Wert ihrer Arbeitskraft zu sprechen. Stärken Sie Ihr Selbstbewußtsein, und machen Sie sich vor der Verhandlung ganz klar, daß Sie nichts zu verschenken haben und daß Sie sich keinen Gefallen tun, wenn Sie zu große finanzielle Zugeständnisse machen.

Sehr häufig sind Frauen auch von dem Gedanken beherrscht, daß ihre Arbeitskraft weniger wert ist als die von Männern, weil sie vermeintlich weniger Energien in das Unternehmen einbringen können, da sie eine

Menge Kraft für ihre Familie aufwenden müssen. Befreien Sie sich von dieser Vorstellung! Erstens ist Ihre Familienarbeit von unschätzbarem Wert für die Gesellschaft und sollte nicht durch schlechte Entlohnung gleichzeitiger Erwerbsarbeit auch noch abgestraft werden, und zweitens gibt es keine Beweise dafür, daß Frauen mit Kindern in ihrem Beruf weniger leistungsfähig sind als Frauen ohne familiäre Verpflichtungen.

Und drittens: Bei etwas mehr Gehalt können Sie sich für zu Hause professionelle Unterstützung leisten.

»Wie hoch ist denn Ihr jetziges Einkommen?« fragt der Personalchef den Bewerber nach etwa 45 Minuten Gesprächsdauer. Dieser hatte sich auf das Stellenangebot eines Hochbaukonzerns beworben. Gesucht wurde ein Bauingenieur mit spezieller Erfahrung im Brückenbau. Im Anzeigentext wurden als Jahresanfangsgehalt 45.000 € angeboten. Nicht zu Unrecht befürchtet der Bewerber, daß bei Nennung seines jetzigen Gehalts – von knapp 30.000 €, also gut 1/3 weniger als das Angebot dieses potentiellen Arbeitgebers –, Zweifel an ihm als Kandidaten für die neue gehobene Position auftauchen würden.

Die 30.000 € Jahresgehalt waren für den Bewerber dann auch mit ein wichtiger Grund, sich nach einer neuen, besser bezahlten Position umzuschauen. Damals, vor dreieinhalb Jahren, noch quasi als Berufsanfänger, ein Jahr nach dem Hochschulabschluß, schien ihm die Bezahlung nicht so wichtig. Insbesondere das Aufgabengebiet bei der jetzigen Firma fand er seinerzeit attraktiv und den Einstieg wert.

Aufgrund verschiedener Einflüsse und Entwicklungen war für ihn jetzt der Zeitpunkt gekommen, sich nach einer neuen Position in einem anderen Unternehmen umzusehen. Dem Bewerber war klar, daß er sich mit der Frage auseinanderzusetzen hatte, wieso er bisher für lediglich 30.000 € Jahresgehalt (auch abgekürzt mit p.a. = pro anno) gearbeitet habe. Er befürchtete nicht ohne Grund, daß die Konsequenz daraus bedeuten könnte, mit etwa 38.000 € bei einem Wechsel »eingekauft« zu werden. 45.000 € lagen also sehr deutlich über dem, was neue Arbeitgeber in der Regel in Relation zum vorherigen Gehalt zu zahlen bereit sind.

»Unzulässig ist ...die Frage nach der früheren Arbeitsvergütung (sie dient ja unter anderem dazu, eventuelle Lohnansprüche des Bewerbers zu dämpfen)«, so Eckehart Stevens Bartol, Richter am Bayerischen Landessozialgericht.

Verrate mir dein Jahreseinkommen, und ich sage dir, was du wert bist. Nicht selten versucht der potentielle Arbeitgeber, durch direktes Erfragen das aktuelle Gehalt, die Jahresbezüge des Bewerbers in Erfahrung zu bringen. Hintergrund ist die Überlegung, daß ein Kandidat mit bisher 30.000 € Jahreseinkommen nicht unbedingt auf einen Schlag einen so großen Gehaltssprung zu machen braucht, um jetzt 45.000 € im Jahr zu verdienen.

Dieser Kandidat – so der Gedankengang – wäre wahrscheinlich auch mit einer Steigerung auf 38–40.000 € zufrieden und damit für den Arbeitgeber »preisgünstiger« als ein anderer Bewerber. Aus diesem Grund findet sich bei Stellenangeboten häufig der Hinweis, man möge sich in seinem Bewerbungsschreiben auch zu seinen »Gehaltsvorstellungen« äußern.

Aber nicht nur bei einer größeren Differenz zwischen dem aktuellen Gehalt des Bewerbers und einer deutlichen Gehaltsverbesserung bei einer neuen Position gibt es Probleme, sondern besonders im umgekehrten Fall: Wenn also ein Bewerber gegenwärtig z. B. 35.000 € im Jahr verdient, sich nun aber, aus welchem Grund auch immer, neu orientieren möchte und sich auf ein Stellenangebot meldet, das pro Jahr 30.000 € in Aussicht stellt, also 5.000 € weniger, tauchen ganz besondere Probleme auf.

Der potentielle Arbeitgeber wird sich über diesen freiwilligen Gehaltsverzicht wundern und den Bewerber möglicherweise nicht in die engere Wahl ziehen, da er davon ausgeht, daß bei einer Gehaltsverschlechterung die Motivation des Arbeitnehmers zu wünschen übriglassen könnte.

Nun mag es sowohl für den Arbeitnehmer wie auch für den Arbeitgeber gute Gründe geben, die diese Annahme bestätigen. Verallgemeinern sollte man sie jedoch besser nicht. Sind Sie als Arbeitnehmer in der schwierigen Situation, wechseln zu wollen, und bereit, auch einen gewissen Gehaltsabschlag dafür in Kauf zu nehmen, gehen Sie davon aus, daß man Ihnen mit Mißtrauen begegnet. Ein sogenannter Gehaltsabstieg ist unbedingt erklärungsbedürftig.

Es gibt also gute Gründe, einem potentiellen neuen Arbeitgeber sein derzeitiges Gehalt nicht sofort und ganz detailliert zu offenbaren.

»Wie hoch ist Ihr Einkommen zur Zeit?« fragt der Personalchef den Bewerber.

»Ich kann mir gut vorstellen, mit den von Ihnen im Inserat angeboten 45.000 € p.a. zunächst auszukommen«, antwortet der Bewerber.

»Wie darf ich das verstehen, wie meinen Sie das?« fragt der Personalchef, der das »zunächst« nicht überhört hat.

»Wenn ich gesagt habe ›zunächst‹, dann gehe ich davon aus, daß sich im Laufe der Zeit vielleicht Gehaltserhöhungen ergeben werden.«

»Aber sicher doch, selbstverständlich«, bemerkt der Personalchef, »wenn Sie die Leistung bringen« und setzt noch einmal nach: »Wie sieht denn Ihr aktuelles Monatseinkommen aus?«

»Nun also, meine Jahresbezüge bei meinem jetzigen Arbeitgeber unterscheiden sich schon etwas von dem, was Sie in Ihrem Angebot benannt haben. Gibt es bei Ihnen im Hause bereits Vorstellungen, wann Sie bereit wären, über eine Gehaltsverbesserung – z. B. im Anschluß an die Einarbeitungszeit – nachzudenken?«

Wieder ist der Personalchef beschäftigt und hoffentlich abgelenkt. Es ist nicht unwahrscheinlich, daß es dem Bewerber auf diese Weise gelingen könnte, das Gespräch von der Frage nach seinen aktuellen Bezügen wegzuführen, ohne sich offenbart zu haben bzw. kraß lügen zu müssen (vgl. S. 148 ff.).

Damit soll aufgezeigt werden, daß es durchaus ohne größere Schwierigkeiten gelingen kann, sich beim Thema »aktuelles Gehalt« in Relation zum potentiellen neuen Gehalt nicht sofort in alle Karten schauen zu lassen.

Natürlich kann man sich als Bewerber auf die direkte Frage nach den aktuellen Bezügen nur sehr schlecht verweigern, sozusagen hier den »stummen Fisch« markieren. Andererseits sitzt Ihnen weder ein Finanzbeamter der Steuerfahndung gegenüber noch Ihr Steuerberater, so daß Sie sehr wohl etwas großzügiger und weniger präzise auf- bzw. abrunden können und ggf. auf weitere Vergünstigungen, Sozialleistungen besonderer Art, Extras usw. hinweisen dürfen oder diese überschlägig mit einrechnen können, um den Jahreseinkommensbetrag schön gerundet zu präsentieren.

»Ich erwarte im Jahr mindestens 45.000 €«, wäre auch eine Antwortmöglichkeit auf die Frage nach den konkreten Jahresbezügen.

Es liegt auf der Hand, daß ein Arbeitnehmer, der seinen Arbeitsplatz wechseln möchte, damit die Hoffnung verbindet, auch sein Einkommen zu verbessern. Insbesondere bei einer stärker ausgeprägten Karriereorientierung ist ein Wechsel, der sich auch auf die Bezüge auswirkt, die natürlichste Sache der Welt. Eine Verbesserung von etwa 15% ist dabei für den Um- bzw. Neueinstieg der Regelfall.

Sollten Sie dagegen bereit sein zu wechseln, und Ihr Gehalt würde sich um weniger als 10% verbessern, erzeugen Sie als Kandidat Mißtrauen (Hintergedanken: Was motiviert den Bewerber wirklich, welche Probleme hat er am jetzigen Arbeitsplatz, daß er für nur 5% mehr Gehalt bereit ist zu wechseln?).

Wer dagegen gleich zwei oder mehr Stufen auf einmal nehmen will und einen Wechsel anstrebt, der mehr als 20% einbringt, provoziert Überlegungen seines potentiellen neuen Arbeitgebers, ob er das Geld auch wirklich wert ist bzw. ob nicht etwas weniger auch ausreichend wäre. Dies wird dann schnell gerechtfertigt durch Argumente wie Alter, Erfahrung, Einarbeitungszeit u.ä. Auf jeden Fall lassen sich immer Gründe ins Feld führen, warum Sie nicht der richtige, der ideale Kandidat für diese Position sind. Oftmals finden diese Überlegungen bereits beim Bewerber selbst statt, der mit 30.000 € Jahresgehalt vor Anzeigen zurückschreckt, die ihm 40.000 € anbieten, obwohl der beschriebene Arbeitsplatz durchaus seiner Qualifikation entspricht. Hier verhindert die »Schere im eigenen Kopf« bereits bei vielen Bewerbern eine deutlichere Gehaltsweiterentwicklung.

Zur Vorbereitung auf das Bewerbungsverfahren gehört unbedingt eine Marktanalyse unter dem Aspekt »Was wird gezahlt – was ist meine Arbeitsleistung wert?«. Informationen dazu erhalten Sie bei Berufs- und Interessenverbänden, Gewerkschaften und in Wirtschaftszeitungen bzw. -zeitschriften (z. B. *Capital, Wirtschaftswoche, Handelsblatt,* die regelmäßig Übersichten abdrucken, was in den verschiedenen Branchen und Positionen verdient wird). Nun liegt es bei Ihnen, die eigenen Fähigkeiten,

Ihren Erfahrungsschatz zu »taxieren« und ein Preismarketing für Ihre »Ware« Arbeitskraft vorzunehmen.

Ob Sie nach der Maxime handeln: Qualität ist kein Zufall und hat ihren Preis (»Es war schon immer etwas teurer, einen besonderen Geschmack zu haben ...«), oder: Bescheidenheit ist eine Zier – bestimmen zunächst einmal Sie selbst. Erfahrungen zeigen: Wer sich als Bewerber eindeutig unter Wert anbietet, wird nicht geschätzt. Wer sich überschätzt, hat es sicher auch nicht leicht, aber es ist oftmals leichter, einen Kredit über 5 Millionen € zu bekommen als einen über 50.000 €.

Übrigens: Mit Geld bis du ein Drache, ohne Geld ein Wurm (japanisches Sprichwort). Neben Liebe, Arbeit und Gesundheit gehört Geld in die Reihe der Hauptwörter des Lebens (mehr dazu in unserem Buch *VERDIENEN SIE SOVIEL, WIE SIE VERDIENEN?*, Eichborn Verlag Frankfurt 1996 / Piper Taschenbuch 1998).

Gesprächsführung und Gesprächspsychologie

Mit wem Sie es zu tun bekommen – Neurosen der Chefs

Klar: Im Vorstellungsgespräch stehen Sie als Bewerber auf dem Prüfstand. Jedoch nicht alleine. Auch Sie haben die Gelegenheit, Ihr Gegenüber genauer kennenzulernen und dessen Persönlichkeitsstruktur und Umgangsstil zu beurteilen. Es geht also darum, abzuschätzen, ob Sie eigentlich das Arbeitsplatzangebot annehmen wollen. Aufgrund der schwierigen Arbeitsmarktlage mag Ihnen diese Überlegung unangemessen luxuriös erscheinen. Jedoch ist angesichts der Lebenszeit, die Sie an Ihrem Arbeitsplatz verbringen, eine kritische Reflexion, mit wem Sie es auf der Vorgesetztenseite zu tun bekommen werden, angebracht.

Will man einen Menschen richtig einschätzen, rät Kurt Tucholsky, so frage man sich: Möchtest du den zum Vorgesetzten haben?

Um Menschen – insbesondere den zukünftigen Chef oder den direkten Vorgesetzten, der häufig am Auswahlprozeß beteiligt ist, aber auch den aktuellen Gesprächspartner, z. B. den Personalreferenten –, besser zu durchschauen und einzuordnen, sind einige Grundkenntnisse in der psychoanalytischen Persönlichkeits- und Charakterlehre von Nutzen.

Unter Charakter (oder Persönlichkeit) versteht man die für einen Menschen typischen Erlebnis- und Verhaltensweisen. Jeder Mensch fühlt und verhält sich so, wie es seine Charakterstruktur zuläßt. Viele Konflikte und irrationale Vorgänge am Arbeitsplatz – also bereits schon im Vorstellungsgespräch – haben ihre Ursache häufig auch in der neurotischen Charakterstruktur des Vorgesetzten.

Übrigens: Jeder von uns hat Züge von einer (oder mehreren) der folgenden fünf am häufigsten vertretenen Persönlichkeitsstrukturen, die – je nach Ausprägung – neurotische, d.h. krankhafte Formen annehmen können. Als Chef kann man sie allerdings besonders gut auf dem Rücken der »Untergebenen« ausleben.

Wir stellen Ihnen vor:

- die narzißtische (»Strahlemann und Sonnenkönig«),
- die zwanghafte (»Der kontrollierende Besserwisser«),
- die schizoide (»Der aus der Kälte kam«),
- die hysterische (»Mehr Schein als Sein«) sowie
- die depressive (»Der Sorgenvolle und Bedrückte«) Persönlichkeitsstruktur.

Im folgenden werden die typischen Eigenarten dieser Charakterstrukturen skizziert. Wir beschreiben, wie sich die jeweiligen Merkmale bei Vorgesetzten speziell beim Vorstellungsgespräch im Umgang mit Bewerbern dokumentieren und – zum besseren Verständnis – welche Erfahrungsmuster aus der Kindheit die verschiedenen Persönlichkeitsstrukturen der Chefs jeweils prägten. Kurzum: Warum Chefs so sind, wie sie sind.

Die narzißtische Persönlichkeit

Merkmale. Narzißtische Persönlichkeiten sind stark ichbezogen. Der Ausdruck »Narzißmus« geht auf Nárkissos zurück, einen schönen Jüngling der griechischen Sage, der sich in sein Spiegelbild verliebte und in eine Narzisse verwandelt wurde.

Neben einer Tendenz zur Grandiosität und zur totalen Überbewertung der eigenen Person bestehen hintergründig stets auch Minderwertigkeitsgefühle und ein im Grunde labiles Selbstgefühl. Narzißtische Persönlichkeiten sind übermäßig von der Bewunderung anderer abhängig. Ihre Bezugspersonen sind aber keine eigenständigen Individuen, sie existieren lediglich, um den Glanz und die vermeintliche Grandiosität des Narzißten widerzuspiegeln oder um sich ihm quasi als Schmuckstück anzubieten. Mit ihren Mitmenschen gehen Narzißten dementsprechend häufig manipulativ, abwertend und ausbeuterisch um. Sie sehen das menschliche Zusammenleben als einen vom Egoismus geprägten Kampf aller gegen alle an.

Charakteristisch ist für sie eine Zweiteilung der Welt, eine vereinfachende Spaltung in »Gut« und »Böse«. Andere Menschen werden vom Narzißten entweder als ideal (nur gut) oder bedrohlich (nur böse und schlecht) wahrgenommen. Diese Spaltung in gut und böse dient dazu, sich selbst als vollkommen in Ordnung zu erleben, während alles Negative und Schlechte den anderen zugeschrieben wird. Diesen »Bösen« gilt dann nach einer Enttäuschung ihr oftmals ungezügelter Haß.

Chefs. Eine Führungsposition streben Menschen mit einer narzißtischen Persönlichkeitsstruktur an, weil sie ihnen Macht und Prestige einbringt. Denn nur in der ersten Reihe fühlen sie sich wohl. Die herrschende Ideologie unserer Geschäftswelt entspricht der narzißtischen Charakterstuktur: Dynamisch-rücksichtslos-ichbezogen-erfolgreich. Die meisten Vorgesetzten zeigen deshalb eine deutlich narzißtische Persönlichkeitsstruktur.

Als Mitarbeiter bevorzugen Narzißten »Jasager«, in deren Bewunderung sie sich sonnen. So kompromißlos und hart der Narzißt in seinen Kritikäußerungen auftritt, er selbst reagiert ausgesprochen überempfindlich auf jede Kritik. Wenn eine Person ihn nicht vorbehaltlos unterstützt, wird sie auf die schwarze Liste gesetzt und gilt als ausgestoßen. Jede Existenzberechtigung wird ihr abgesprochen. Es gilt die Devise: Wer nicht für mich ist, ist gegen mich.

Wegen dieses Verhaltensstils und der Unfähigkeit narzißtischer Persönlichkeiten, sich in andere Menschen einzufühlen, herrscht unter den Mitarbeitern oft eine hohe Fluktuation. Bewerbungsverfahren und Vorstellungsgespräche häufen sich demzufolge. Scheitern Projekte, die mit der Hoffnung auf einen strahlenden Erfolg begonnen wurden, werden Sündenböcke gesucht. Schuld sind für den Narzißten grundsätzlich immer die anderen.

»Der Ehrgeiz einer Führungsperson mit pathologischem Narzißmus«, schreibt der amerikanische Psychoanalytiker Otto F. Kernberg, »kreist ...um primitive Macht über andere, um den unersättlichen Wunsch, ihnen zu imponieren, und um den Wunsch, wegen persönlicher Attraktivität, Charme und Brillanz bewundert zu werden, nicht etwa wegen reifer menschlicher Qualitäten, moralischer Integrität und Kreativität bei der Wahrnehmung der ... Führungsaufgaben« *(Innere Welt und äußere Realität.* München, Wien 1988, S. 298). Narzißtische Führungskräfte finden sich besonders häufig in auf Repräsentation ausgelegten Wirtschaftsunternehmen (z. B. Bau- und Immobilienfirmen, Werbebranche), im Medien-, Kultur- und Wissenschaftsbereich sowie in medizinischen und psychosozialen Institutionen.

Hintergrund. Ein Mensch mit einer narzißtischen Persönlichkeit wurde – aus welchen Gründen auch immer – von seiner Mutter (den Eltern) nicht wichtig genommen, d. h. seine Bedürfnisse wurden als Kind nicht adäquat befriedigt oder gar nicht erst erkannt. Um dieser grundlegenden Verletzung des Selbstwertgefühls zu entgehen, entwickeln sich bei ihm Phantasien von eigener Größe, Unabhängigkeit und vom Unwichtigsein anderer Personen. Die spätere ständige Suche nach Bewunderern soll den frühen Mangel doch noch ausgleichen helfen. Statt Liebe verschafft sich der Narzißt Bewunderung und Erfolg.

Unter derartig defizitären Entwicklungsbedingungen kann das Kind kein eigenes Selbst, keine eigene Identität entfalten. Die Folgen sind Selbstunsicherheit, Minderwertigkeitsgefühle und tiefgreifende Selbstwertzweifel, die später in eine Fassade von scheinbarer Großartigkeit verwandelt werden, oft in ein die Ohnmacht kaschierendes, durch tiefen Haß geprägtes Machtgebaren. Aggressiv-autoritäre und tyrannische Chefs haben in der Mehrzahl eine narzißtische Persönlichkeitsstruktur.

Vorstellungsgespräch. In der Bewerbungssituation können Sie aus der repräsentativen Gestaltung des Ambiente bereits Rückschlüsse auf die narzißtische Struktur des »Hausherrn« ziehen. Demonstrativ zur Schau getragenes Selbstbewußtsein, eine pfauenhaft-majestätische Ausstrahlung, brillante Selbstinszenierung und Unternehmensdarstellung sind untrügliche Kennzeichen dieser Persönlichkeitsstruktur.

Dieser Typus hört sich am liebsten selbst reden und kann nicht zuhören. Kaum hat er eine Frage gestellt, parliert er weitschweifig und detailreich über seine Erfolge und Erfahrungen. Der narzißtische Chef und Personalauswähler sucht im Bewerber das Exotische und Besondere, mit dem er sich speziell schmücken kann. Die größten Chancen haben Sie, wenn Sie sich als Objekt der Idealisierungsneigung des Narzißten eignen. Seine Entscheidungskriterien sind dabei häufig irrational.

Wenn Sie können und wollen: Stören Sie seine Selbstdarstellungssucht nicht. Hören Sie aufmerksam und (in Maßen) »beeindruckt-bewundernd«

zu. Versuchen Sie in den kurzen Momenten seiner Ihnen zugewandten Aufmerksamkeit, Interesse und Neugier an Ihrer Person zu wecken.

Die zwanghafte Persönlichkeit

Merkmale. Zwanghafte Charaktere sind ordnungsliebend, eigensinnig, rechthaberisch und perfektionistisch. Alles Spontane, Impulsive, Triebhafte, Ungeregelte und Schmutzige macht ihnen angst und muß deshalb beseitigt oder zumindest streng kontrolliert und damit beherrschbar werden. Zwanghafte Persönlichkeiten können sich schlecht entspannen, sind zweifelnd, ängstlich, entschlußunfähig, umständlich, peinlich genau bis zur Pedanterie, mit einer Vorliebe für unwichtige Details.

Weitere Charakteristika zeigen sich im Streben nach emotionaler Autonomie (»Ich brauche niemanden«) sowie in einem permanenten Gefühl des Getriebenseins. Zwanghafte Persönlichkeiten haben das Gefühl, ihnen sitze ständig ein imaginärer Aufpasser im Nacken. In zwischenmenschlichen Beziehungen geht es um Dominanz oder Unterwerfung. Sie haben eine Freude am Beherrschen, aber erstaunlicherweise auch am Beherrschtwerden, manchmal sogar am Quälen und Gequältwerden.

Chefs. Zwanghafte Führungskräfte scheinen in besonderem Maße den typischen Anforderungen in bürokratisch-hierarchisch strukturierten Großorganisationen zu entsprechen: Ordnung, Systematik, Planbarkeit, Kontrolle, Berechenbarkeit und strenge Disziplin sind die Forderungen, die sie an sich und andere stellen. Andererseits führt ihre kleinliche Kontrollsucht oft zum regelrechten Schikanieren von Mitarbeitern, zu Zeitfetischismus, penibler Paragraphenreiterei und minutiöser Verplanung von Arbeitsabläufen.

In einer Firmen- oder Institutionshierarchie fühlen sich zwanghafte Persönlichkeiten wohl. Hier werden sie kontrolliert, können aber auch als autoritäre Vorgesetzte mit rigidem Machtgebaren andere kontrollieren und beherrschen. Die dadurch häufig ausgelöste übertriebene Unterwürfigkeit von Mitarbeitern führt zu Passivität und mangelnder Kreativität im Unternehmen. Auf gleicher Ebene gibt es bei der Zusammenarbeit Probleme. Da zwanghafte Persönlichkeiten stets nur ein Unten oder Oben kennen, versuchen sie, auf der Hierarchieleiter soweit wie möglich nach oben zu kommen, oder aber sie unterwerfen sich. Eine kollegiale, gleichberechtigte Zusammenarbeit ohne Hierarchieunterschiede ist mit ihnen nur schwer möglich.

Zwanghafte Chefs sind eher im öffentlichen Dienst, bei Banken und Versicherungen anzutreffen als in der dynamisch-narzißtischen sogenannten freien Wirtschaft, also Handel, Industrie oder auch in Kreativberufen.

Hintergrund. Die Kindheitserfahrungen und -bedingungen, die zur zwanghaften Persönlichkeitsstruktur führen, sind ein rigider, autoritärer, einengender Erziehungsstil vor allem im zweiten und dritten Lebensjahr. Eigenwille, Spontaneität, lebhafte Motorik und Aggressivität des Kindes werden von seiten der Eltern rigoros unterdrückt und müssen in Zukunft mit Angst- und Schuldgefühlen abgewehrt werden. Der durch die Eltern von außen ausgeübte Zwang wird so zu einem inneren. Statt Selbstbewußtsein und Autonomiegefühl dominieren Gefühle von Scham und Zweifel.

Prägend sind auch erste Machtkämpfe mit den Eltern, die dann entstehen, wenn diese das Kind während der sogenannten analen Phase durch eine frühe oder strenge Sauberkeitserziehung daran hindern, Schließmuskeln und sonstige Körperfunktionen allmählich und nach eigenem Willen beherrschen zu lernen. Das Kind wird so in einen Zustand von Rebellion, Niederlage, Selbstbezogenheit und überstrenger Gewissensbildung getrieben.

Vorstellungsgespräch. Ihr Gespräch fängt pünktlich auf die Minute an. Wenn dann noch auf dem Schreibtisch Ihres Gesprächspartners die Stifte wie mit dem Zollstock ausgemessen parallel liegen und auch sonst das ganze Zimmer einen absolut aufgeräumten, clean-sterilen Eindruck macht, fällt die Einschätzung nicht schwer: Sie haben es mit einer zwanghaften Persönlichkeit zu tun. Diese wird Ihre Bewerbungsunterlagen penibel genau studiert haben und durch geschickte Detailfragen Schwachstellen wie z. B. Lücken im Lebenslauf aufzudecken versuchen. In den Gesprächsinhalten dominiert die Leistungsthematik.

»Correctness« ist das wichtige Schlüsselwort im Umgang mit Zwanghaften. Pünktlichkeit, akkurate Kleidung, Anpassungsbereitschaft bis hin zu einer dezent geschauspielerten Gefügigkeit sind – wenn Sie das wollen und können – die Schlüsselreize, auf die eine zwanghafte Persönlichkeit positiv »anspringt«.

Die schizoide Persönlichkeit

Merkmale. Schizoide Persönlichkeiten (von griech. schízein = spalten) wirken kühl-distanziert, mißtrauisch, verschlossen, unbeteiligt, manchmal auch arrogant. Es fehlt ihnen an Wärme. Ihre zwischenmenschlichen Beziehungen bleiben emotionslos, oberflächlich und leer. Wenn man eben noch meinte, ihnen nähergekommen zu sein, reagieren Schizoide oft schroff, nehmen eine feindselige, abweisende Haltung ein, ziehen sich zurück oder brechen Beziehungen ab.

Chefs. Schizoide Führungskräfte versuchen, alle Probleme »rein sachlich« anzugehen – objektiv, verstandesmäßig und kühl. Es geht um das Wohl der übergeordneten »Sache«, menschliche Schicksale sind für sie weniger interessant. Persönlichen Kontakten wird möglichst aus dem Weg gegangen. Am liebsten verbreiten derartige Persönlichkeiten eine Aura geschäftsmäßiger und technokratischer Nüchternheit. Sie wirken im lockeren sozialen Kontakt oft unbeholfen, geradezu linkisch. Gerne verschanzen sie ihre Persönlichkeit hinter ihrer Rolle, den »objektiven« Fakten, den sogenannten Sachzwängen. Eine ihrer Lieblingsformulierungen ist: »Von der Sache her ...«.

Ihre eigene hintergründige Feindseligkeit projizieren schizoide Persönlichkeiten oft auf andere Menschen. Diese werden dann – innerhalb oder außerhalb des Unternehmens – als Bedrohung erlebt. Schizoide verbreiten auf diese Weise im Unternehmen ein Klima paranoiden Mißtrauens. Hinter der Feindseligkeit gegenüber den eigenen Mitarbeitern steckt häufig ein verborgener Kontakt- und Abhängigkeitswunsch.

Für den Führungsstil von schizoiden Persönlichkeiten ist die grundverschiedene Behandlung von Mitarbeitern charakteristisch. Diese werden als Genies, als nützliche Trottel oder schlicht als Idioten eingeschätzt, was zu Spannungen und Konflikten mit dem Vorgesetzten und unter den Mitarbeitern selbst führt. Bedürfnisse der Mitarbeiter nach Verständnis und Unterstützung kommen zu kurz oder werden übergangen.

Bevorzugte Arbeitsgebiete liegen in naturwissenschaftlichen Bereichen, in Technik, Informatik, aber auch auf höherer betriebswirtschaftlicher Ebene. Allen gemeinsam ist: Sie reduzieren den Umgang mit Mitarbeitern auf ein Minimum.

Hintergrund. Die schizoide Persönlichkeitsstruktur basiert auf Störungen in der frühen Kindheit, in der es an »Nestwärme«, liebevoller Geborgenheit und vor allem auch an emotionaler Sicherheit fehlte. Anstelle eines Ur-Vertrauens, eines zuversichtlichen Sich-verlassen-Dürfens entwickelte sich ein Ur-Mißtrauen. Um einer Wiederholung der enttäuschenden Kindheitserfahrungen und erneuten Verletzungen vorzubeugen, geht die schizoide Persönlichkeit auf Distanz, konzentriert sich lieber »auf das Sachliche«.

Vorstellungsgespräch. Eine höfliche, aber deutlich unterkühlte Atmosphäre läßt in Ihnen das Gefühl aufkommen, Ihre Einladung sei eher ein Versehen und Sie ein ungebetener Gast. Sie haben es mit dem Charme eines gerade geöffneten Kühlschrankes zu tun. Jetzt nur kein Frösteln zeigen, sondern beherzt versuchen, Ihre Botschaft rüberzubringen. Ihr Gegenüber kann zuhören, dennoch sollten Sie sich kurz fassen und präzise formulieren. Wenn Sie Ihrem schizoiden Gesprächspartner nicht zu gefühlvoll »auf die Pelle rücken«, sammeln Sie Pluspunkte, indem Sie angsterzeugende Nähe vermeiden, bei gleichzeitigem freundlichem Unbeeindrucktbleiben von dessen kühl-distanzierter Art. Respektieren Sie seine Grenzen.

Die hysterische Persönlichkeit

Merkmale. Hysterische Persönlichkeiten neigen zu theatralisch-dramatischen Auftritten und versuchen ständig, im Mittelpunkt zu stehen, die Aufmerksamkeit, Sympathie und Bewunderung ihrer Mitmenschen auf sich zu lenken. Sie sind stolz auf die eigene Erscheinung und versuchen, sich in ihren Selbstinszenierungen als lebendig, aktiv und begehrenswert zu präsentieren.

Sie lieben Abwechslung und Maskierung, scheuen Bindung, Festlegung und Verantwortung. Hysterische Persönlichkeiten sind empfänglich für Suggestion und emotional eher labil, charakterisiert durch Launenhaftigkeit und Ausbrüche von Lachen oder Weinen. Verführerisches, sexuell provozierendes Verhalten steht ebenfalls im Dienst einer starken Ichbezogenheit, mit dem Ziel, von anderen gemocht und bewundert zu werden. Häufig ist »Mehr Schein als Sein« die (un)bewußte Devise hysterischer Persönlichkeiten.

Chefs. In vielerlei Hinsicht sind hysterische Führungskräfte Gegentypen zu den zwanghaften: Ständig scheinen sie auf der Suche nach Neuerungen zu sein, haben immer wieder »frische« Ideen, die sie aber genauso schnell fallenlassen, wie sie sich dafür begeistern konnten. Durch Ordnungsstrukturen fühlen sie sich eher gelähmt. Hektik, Termindruck und Abwechslung brauchen sie ebenso wie den häufigen Arbeitsplatzwechsel.

Keine Gelegenheit zur eindrucksvoll inszenierten Selbstdarstellung wird ausgelassen, »Public Relations«, Feste und Präsentationen spielen eine große Rolle. Erfolge werden effektiv in der Öffentlichkeit präsentiert. »In der Anerkennung durch andere befriedigt der Hysteriker seine phallischen Ängste, unzulänglich und ungeachtet zu sein. Deshalb kommt es ihm auch darauf an, seine Erfolgssymbole demonstrativ zur Schau zu stellen (Luxuswagen, Titel, Teppiche, Zimmergröße, Mitarbeiterzahl, Stockwerkshöhe, Rangstufe). Er triumphiert im phallischen Konkurrenzkampf, wenn ein anderer »den kürzeren zieht«, er richtet sich auf an Potenzsymbolen, die seine Macht und seinen Status verkünden«, so die Arbeitspsychologen Neuberger und Kompa. Andererseits: Manche hysterisch strukturierten Männer fürchten auch, andere Männer zu übertreffen, weil die sich eventuell rächen könnten. Diese Angst vor dem Rivalisieren wie auch übertriebene Rivalität können die berufliche Karriere entscheidend behindern.

Nach dem Prinzip »Gegensätze ziehen sich an« werden zwanghafte Persönlichkeiten oft Mitarbeiter von hysterischen Vorgesetzten. Das führt nicht selten zu Spannungen und Konflikten, weil der hysterische Chef schnell mit seinen um Leistung und Perfektion bemühten Angestellten ungeduldig wird, wenn diese nicht fix genug mit Projekten fertig werden und Erfolge vorweisen.

Weiteres Konfliktpotential schüren hysterische Chefs, weil sie generell ihren Mitarbeitern nicht die Freiheit zugestehen, die sie sich selber nehmen. Einen zusätzlichen Aspekt beschreibt der Charakterforscher Karl König: »Weil der hysterische Chef in seiner Institution der potenteste Mann sein möchte und die Konkurrenz anderer Männer fürchtet, umgibt er sich gern mit weiblichen Mitarbeiterinnen, die seine Potenz bewundern. Potente Männer versucht er loszuwerden, wenn sie ihm in ihrer Entwicklung nahekommen .... An einer Institution, die von einem hysterischen Chef geleitet wird, kommt es zu häufigem Wechsel des Personals, wobei viele im Streit gehen« (*Kleine psychoanalytische Charakterkunde*. Göttingen 1992, S. 11).

Wegen der strukturellen Ähnlichkeiten ist dieser Typus am häufigsten auf den Arbeitsgebieten anzutreffen, die auch den Narzißten anziehen (s.o.).

Hintergrund. Hysterische Persönlichkeitsstrukturen basieren auf Entwicklungsstörungen im ersten Lebensjahr sowie in der sogenannten ödipalen Phase der psychosexuellen Entwicklung (ca. 4. – 7. Lebensjahr), in der es zu spezifischen Konflikten, Bindungen und Rivalitäten mit den Eltern kommt.

Vorstellungsgespräch. Vieles, was für den Narzißten gesagt wurde (Stichworte: Egozentrik, Egoismus) gilt auch für den Hysteriker. Sein Sprachstil ist übertrieben impressionistisch, Details spielen keine Rolle. Der ständige »große Wurf« gipfelt in Formulierungen wie »großartige Erfolge«, »phantastische Ergebnisse«, »echte Herausforderungen«, »einmalige Situation« – Worthülsen, die den heißen Dampf kennzeichnen, den er unablässig produziert. Viel mehr ist aber leider auch nicht dahinter, und schon bei wenigen Nachfragen Ihrerseits vergeht ihm die gute Laune, weil er das Detail nicht liebt, sondern für das Große und Visionäre schwärmt.

Ihr Gegenüber ist also schnell »absolut total begeistert« und Sie ebenfalls, weil Sie denken, endlich hat mal jemand Ihr wirkliches Potential erkannt. Aber täuschen Sie sich nicht, das Gedächtnis eines Hysterikers ist kurz, und seine Begeisterungsfähigkeit ebbt ebenso schnell ab, wie sie aufgebrandet ist. Typisch für seine Oberflächlichkeit. So gesehen: Wer bei diesem Typus in der Folge der Vorstellungsgesprächstermine zuletzt an die Reihe kommt, hat vielleicht die besten Aussichten.

Die depressive Persönlichkeit

Merkmale. Menschen mit einer depressiven Charakterstruktur sind häufig gedrückter Stimmung, anklammernd, antriebslos und aggressionsgehemmt. Sie leiden unter Mangel an Initiative, Gefühlen von Schuld, mangelndem Selbstvertrauen, Hilf- und Hoffnungslosigkeit.

Chefs. Vorgesetzte mit einer depressiven Persönlichkeitsstruktur verkörpern das krasse Gegenteil des gängigen Managerideals, das ein starkes Selbstbewußtsein und ein gutes Durchsetzungsvermögen verlangt. Sie sind selten autoritär, eher auf die Harmonie einer Nähe garantierenden Teamarbeit aus. Aber aufgrund ihrer Unsicherheit und ihres Grundgefühls, auf die Dinge letztlich wenig Einfluß ausüben zu können, verursachen depressive Chefs oft ein Führungsvakuum, bei dem ihre Firma oder ihre Abteilung wie ein Schiff ohne Kapitän mehr oder weniger ziel- und planlos dahintreibt. Häufig ist Resignation der *Hintergrund.* Das entstehende Führungs- und Machtvakuum lädt die Mitarbeiter der nächstniedrigen Hierarchiestufe regelrecht zu Intrigen und Machtkämpfen ein.

Häufig werden Führungskräfte (auch infolge eines chronischen Burnout-Syndroms) besonders im öffentlichen Dienst im Laufe langer Arbeitsjahre reaktiv depressiv.

Hintergrund. Von seiten der Eltern kommt es (meist schon im ersten Lebensjahr) zu einer Versagung der elementaren Bedürfnisse nach Liebe, Zuwendung und Versorgung. In Reaktion auf diese Enttäuschungen entsteht eine massive Wut, die aber gegen die eigene Person gewendet wird. Auf eine Kurzformel gebracht: Depression ist nach innen gewendete Aggression, niedergedrückte Wut.

Vorstellungsgespräch. Eine gedrückte Atmosphäre fällt Ihnen schon beim Betreten des Vorzimmers auf, ein Eindruck, der sich im Gesprächszimmer noch weiter steigert. Kein fröhlicher Mensch kommt Ihnen da entgegen, eher jemand mit einem aschfahlen Gesicht und bitteren Zügen, vielleicht auch mit den typischen heruntergezogenen Mundwinkeln eines Magenkranken. Das Gespräch verläuft dröge, schleppend, hat schon später angefangen als vereinbart. Alles ist mühsam und erscheint irgendwie sinn- und hoffnungslos. Sie spüren trotz Ihrer inneren Anspannung, wie Sie eine schleichende Müdigkeit befällt.

Lassen Sie sich von der negativen Stimmung nicht anstecken, und vermeiden Sie Versuche, Ihr Gegenüber aufgesetzt fröhlich oder gar mit »hochgekrempelten Ärmeln« wachzurütteln. Bleiben Sie ruhig-gelassen und unterdrücken Sie Ihre aufkommende hibbelige Nervosität, die evtl. in Reaktion auf die bleierne Müdigkeit wach wird.

Hilfreich zu wissen: »Die Neurosen der Chefs« offenbaren sich häufig bereits schon im Vorstellungsgespräch. Mehr dazu in unserem gleichnamigen Buch.

Die Vergangenheit in der Gegenwart – Übertragung

In jeder zwischenmenschlichen Begegnung werden Gefühle ausgelöst. Manchmal auf den ersten Blick so starke, daß der weitere Verlauf der Begegnung davon beherrscht wird. Ob Liebe auf den sprichwörtlich »ersten Blick«, spontane abgrundtiefe Antipathie oder etwas irritierend Diffuses dazwischen – nicht immer ist es leicht, dafür eine Erklärung zu finden. Bisweilen kann es am Geschlecht, der sozialen Schicht, am Äußeren, an Funktion und Rolle der betreffenden Person festgemacht werden. Diese Faktoren beeinflussen entscheidend den Verlauf der weiteren Kommunikation.

Eine tiefergehende Erklärung für in Gesprächen spontan aufwallende Gefühle findet man in der Kindheit. Sie sind in einem fundamentalen psychologischen Phänomen begründet: der Übertragung. Wir alle neigen dazu, Gefühle, Wünsche, Einstellungen und Erwartungen, die wir damals als Kind gegenüber wichtigen Personen unserer unmittelbaren Umgebung hatten (primär bezogen auf die Eltern, aber auch Geschwister) unbewußt an Personen der Gegenwart zu wiederholen. Wir übertragen also auch im Vorstellungsgespräch – ohne diesen Mechanismus bewußt zu steuern – Gefühle und Wünsche aus der Vergangenheit auf den oder die Menschen, mit denen wir es in dieser Situation zu tun haben.

Während wir mit dem aktuellen Gesprächspartner sprechen, ist sozusagen eine weitere für uns bedeutsame Person aus der Vergangenheit imaginär anwesend, zu der wir gleichzeitig reden.

So könnte z. B. unser eine Nuance zu verkrampft vorgetragenes Bemühen, den als relativ reserviert-kühl erlebten zukünftigen Chef im Vorstellungsgespräch von unseren Qualitäten zu überzeugen, etwas aus der Vergangenheit widerspiegeln: nämlich die kindliche Anstrengung, den stets skeptisch-distanzierten Vater zur Anerkennung unseres eigenen Wertes und unser eigenen Leistungen zu bringen.

Unsere emotionalen Erfahrungen aus der Vergangenheit mit dem Vater übertragen wir hier auf den neuen potentiellen Chef. Die Folge ist zum einen eine Wahrnehmungsverzerrung (der Chef erscheint wahrscheinlich kühler, als er in Wirklichkeit ist) und zum anderen eine unangemessene Verkrampfung im eigenen Auftreten.

Auch von seiten Ihrer Gesprächspartner kann es im Vorstellungsgespräch zu derartigen Übertragungsphänomenen kommen: Aus Sicht des männlichen Personalchefs könnte es z. B. in der Bewerbungssituation unbewußt und unabhängig vom Alter einer Bewerberin zu einer Wiederbelebung der Sohn-Mutter-Beziehung kommen, die – so die Erfahrung von Psychotherapeuten – in der Regel alles andere als problemlos verläuft. So wäre es z.B. denkbar, daß ein männlicher Gesprächspartner das unbewußte Bedürfnis hat, sich einer Bewerberin gegenüber so distanziert und abgrenzend zu verhalten, wie er das gegenüber seiner Mutter tat (bzw. gern getan hätte).

Hatte er in der Kindheit Probleme mit seiner Schwester oder hat er gerade jetzt Streit mit seiner Frau, kann es durchaus passieren, daß auch in diesem Fall die Bewerberin etwas abbekommt, was gar nicht ihr persönlich gilt.

Machen Sie sich noch einmal bewußt: In der Bewerbung als einer klassischen Prüfungssituation sind solche (hier nur kurz skizzierte) unbewußten Wiederholungen und Neuinszenierungen von früheren, »einschlägigen« Erfahrungen aus der Kindheit möglich. Dieses Übertragungsgeschehen funktioniert in allen denkbaren Richtungen und auf allen Ebenen, also von Bewerber zu Auswähler und umgekehrt, von Sohn zu Vater wie von Vater zu Sohn.

Klar, daß solche Überlegungen und das Bemühen, einmal unter diesen Aspekten tief in sich hineinzuhorchen, auch Raum in der mentalen Vorbereitung auf ein Vorstellungsgespräch einnehmen sollten.

Frage also: Welche Beziehungsmuster und Konstellationen aus der Kindheit könnten sich bei Ihnen in der Situation des Vorstellungsgespräches unbewußt wiederholen und damit das Gespräch auf einer emotionalen Ebene verkomplizieren?

Unter mehr als vier Augen – das Gruppengespräch

Halten wir noch einmal fest: Im Vorstellungsgespräch geht es dem potentiellen neuen Arbeitgeber primär darum, persönliche und anforderungsbezogene Eignungsmerkmale des Bewerbers festzustellen. Die bisherigen Informationen (Bewerbungsunterlagen/ggf. Testergebnisse) sollen ergänzt werden durch einen persönlichen Eindruck, den man von Ihnen als BewerberIn im Vorstellungsgespräch erhalten will.

Bei Vorstellungsgesprächen ist zu unterscheiden zwischen Einzel- und Gruppengesprächen. Die Gesprächsdauer ist unterschiedlich und schwankt je nach zu bewältigender Bewerberanzahl und zu besetzender Position zwischen einer und bis zu mehreren (drei, vier) Stunden. Unter der klassischen Vorstellungsgesprächssituation stellt man sich ein Vier-Augen-Gespräch vor: (Personal-)Chef (oder in einer Vorstufe: Personalberater) und Bewerber sitzen sich gegenüber.

Möglich sind aber auch andere Konstellationen: Der einzelne Bewerber sitzt zwei oder mehr Personen gegenüber – einem Auswahlgremium (z. B. der Firmeninhaber und ein wichtiger leitender Angestellter, Personalberater, Personalchef und Abteilungsleiter, mehrere Personalreferenten und Betriebspsychologen, Betriebsratsmitglieder bis hin zu zukünftigen Kollegen und Untergebenen).

Ist es in der Bewerbungssituation vielleicht gerade noch erträglich, mit zwei Interviewern umgehen zu müssen (psychologisch gesehen: die klassische Vater-Mutter-Kind-Konstellation), wird eine Konfrontation mit einem Vierer- oder Mehrpersonengremium schnell ungemütlich.

Möglicherweise fällt Ihnen z. B. bald auf, daß bei einem aus drei Personen bestehenden Auswahlgremium ein Gesprächspartner Sie besonders freundlich behandelt, ein weiterer recht »böse« mit Ihnen umgeht und der dritte Sie ständig beobachtet, Notizen macht und ansonsten schweigt. Diese Rollenverteilung ist kein Zufall. Sie ist sorgfältig vorbereitet und abgesprochen. Hier will man Ihnen ganz besonders »auf den Zahn fühlen«. Bleiben Sie trotzdem ruhig und gelassen, und versuchen Sie, möglichst zu allen – besonders zu dem freundlichen Gesprächspartner – einen guten Kontakt aufzubauen (Blickkontakt, namentlich ansprechen, lächeln).

Schwierig wird es, wenn Sie als einzelner mit mehr als fünf Personen konfrontiert sind. Glauben Sie uns: zehn bis zwanzig Personen als glotzende, fragende und zuhörende Meute sind in Vorstellungsgesprächen nicht so selten, wie man es sich wünscht. Im psycho-sozialen Bereich beispielsweise hat häufig das gesamte Team bei der Bewerberauswahl ein Wörtchen mitzusprechen.

Denkbar – wenn auch zunehmend seltener praktiziert – ist eine andere Konstellation, bei der mehrere Bewerber einem Auswahlgremium gegenübersitzen. Das können z. B. drei Kandidaten sein, die drei Interviewer vor sich haben, es können aber auch zehn und mehr Bewerber sein, gegenüber fünf oder sechs Auswählern (z. B. bei einem Assessment-Center).

Sollten Sie das Pech haben, in einer größeren Bewerbergruppe antreten zu müssen, bietet Ihnen das u.U. den Vorteil, von der Präsentationstechnik Ihrer Mitbewerber zu profitieren. In der Regel beginnt so ein Gruppengespräch mit der »freundlichen« Aufforderung, jeder möge sich zunächst einmal kurz vorstellen. Manchmal wird an die Vorstellung eine zusätzliche Aufforderung geknüpft (z. B.: »Stellen Sie sich bitte kurz vor, und erzählen Sie uns, warum Sie sich hier beworben haben.«).

Hintergrund dieser Gruppenvorstellungsrunde ist der Wunsch, die Bewerber direkt miteinander zu vergleichen, sie in eine gewisse Konkurrenzsituation untereinander zu versetzen, um dadurch besondere Informationen über den einzelnen zu bekommen. Im wesentlichen geht es um das Sozialverhalten, die soziale Kompetenz.

Ein anderer Aspekt auf Unternehmensseite ist die Ökonomie: Aus einer Gruppe werden relativ schnell die Wunschkandidaten (drei bis fünf) »herausgesiebt«. Insbesondere bei Vorstellungsgesprächen im Rahmen eines firmen- bzw. institutionsinternen Aufstiegsverfahrens werden Gruppenauswahlgespräche wie eben beschrieben sehr häufig angewandt.

Wer als Bewerber in einem derartigen Gruppengespräch z. B. bei der Vorstellung den Anfang macht, oder »Schlußlicht« ist, hat es deutlich schwerer als die anderen. Die Positionen im ersten oder letzten Drittel bieten bessere Chancen. Am Anfang ist die Aufnahme- und Zuhörbereitschaft des Auswahlgremiums höher. Gegen Ende hat man die Chance, durch einen Beitrag, der sich von den bisherigen angenehm unterscheidet (was sicherlich nicht leicht ist!), Aufmerksamkeit und Kurzzeitgedächtnis der Auswähler zu erobern.

Für die Unglücklichen, die die Rolle des »Alpha«- oder »Omega-Huhnes« wahrnehmen müssen, gilt unsere Empfehlung: Sprechen Sie das Problem der Anfangs- bzw. Endposition humorvoll an (»Einer muß ja den Anfang machen, ich will mich nicht in den Vordergrund drängen, aber …« / »Den letzten beißen die Hunde, aber einer muß ja das Schlußlicht bilden …«). Wenn es Ihnen gelingt, Schmunzler oder sogar Lacher auf sich zu ziehen, sammeln Sie Pluspunkte.

Während der Gruppen-Vorstellung können Sie wahrscheinlich den Versuch verschiedener Bewerber beobachten, sich deutlich in den Vordergrund zu spielen, um sich zu profilieren. Sich geschickt in Szene zu setzen ist eine Kunst, die nur wenige Bewerber beherrschen. Es ist nicht unbedingt von Nachteil, hier eher eine gewisse Zurückhaltung an den Tag zu legen, ohne allerdings in das andere Extrem des »stummen Fisches« zu verfallen.

Der Auswählergruppe geht es unter anderem darum, die soziale Interaktion, das Miteinander-Umgehen der Bewerber zu beobachten. Hieraus werden verschiedene Rückschlüsse gezogen, z. B. auf Teamfähigkeit, Durchsetzungsvermögen, Anpassungsbereitschaft usw.

Frage- und Antworttechniken

In diesem Abschnitt wollen wir auf eine ganz wichtige Hintergrundthematik im Vorstellungsgespräch eingehen: der Technik, Fragen als Bewerber geschickt zu beantworten.

Wie ein Vorstellungsgespräch abläuft, können Sie zwar nicht allein bestimmen, aber doch ganz wesentlich durch Antworten, Bemerkungen und Fragen steuern. Dabei ist zunächst die Information wichtig, wieviel Zeit für Ihr Vorstellungsgespräch vorgesehen ist.

Ob Sie 20 Minuten oder zwei Stunden für Ihren »Auftritt« haben, macht einen wesentlichen Unterschied in der Gestaltung, in der von Ihnen zu wählenden Inszenierung bzw. Dramaturgie.

Generell gilt: Führen Sie das Gespräch defensiv. Sie sind der Bewerber, der die meisten Fragen zu beantworten hat. Versuchen Sie nicht, die Rollen umzukehren und z. B. immer wieder mit Gegenfragen zu kontern.

Da Sie gut vorbereitet sind, können Sie auf die wichtigsten Fragen (s. Fragenkatalog S. 91) überzeugend und relativ knapp, aber gut formuliert antworten. Dies geschieht immer in Relation zu der Zeit, die Ihnen zur Verfügung steht, bedeutet jedoch nicht, daß Sie ständig reden bzw. Auskunft geben müssen.

Bis zu etwa 80% der Gesamtzeit – so zeigen erstaunlicherweise entsprechende wissenschaftliche Untersuchungen – verbringen Sie im Vorstellungsgespräch mit Zuhören, d.h. Ihr Gegenüber spricht. 80 % Interviewer-Redezeit sind zwar nicht überall die Regel, dennoch: Lassen Sie Ihren Gesprächspartner reden, und hören Sie aufmerksam zu. Wenn es Ihnen zudem noch gelingen sollte, einige verständnisvolle, kurze Zwischenbemerkungen zu machen oder bestätigend zu nicken, haben Sie möglicherweise schon gewonnen. Ihr Gegenüber wird sich vielleicht endlich mal wieder tief verstanden fühlen und Ihnen das mit entsprechenden Sympathiepunkten honorieren.

Diese Technik der positiven Verstärkung von sprechenden Personen ist sehr gut bei Fernsehjournalisten zu beobachten, die ihre Interviewpartner durch beständiges, zustimmendes Kopfnicken ermuntern, in ihrem Redefluß fortzufahren, mag der Inhalt auch noch so fragwürdig sein …

Es kann aber auch kraß umgekehrt ablaufen, weil man Sie, den Bewerber, zum Sprechen, Erzählen, ja Schwadronieren bringen will. In so einem Fall haben Sie es sehr wahrscheinlich mit einem Vollprofi zu tun, der wirklich nur 10% des Vorstellungsgesprächs bestreitet und Ihnen die restlichen 90% aufbürden möchte.

Eine beliebte Gesprächstechnik beinhaltet dabei den Einsatz sogenannter offener Fragen. Klassisches Beispiel:

- **Wir wollen Sie gern kennenlernen. Erzählen Sie uns doch bitte mal etwas über sich.**

Unter Rhetorikfachleuten gilt die Frage als Königin der Dialektik. Und in der Tat: Gute Fragen zu stellen ist weitaus schwieriger, als sie zu beantworten. Mit Fragen kann man ein Gespräch hervorragend lenken. Besonderer Beliebtheit erfreut sich da die »offene Frage«. Sie erlaubt dem Gefragten nicht, einfach mit Ja oder Nein zu antworten wie bei der »geschlossenen Frage«, sondern provoziert längere Antwortsätze, eine ausführlichere verbale Darstellung. Genau darauf kommt es dem Frager an, denn je mehr sein Gegenüber spricht und vielleicht unwillkürlich seinen freien Assoziationen folgt, desto mehr an Information erhofft sich der Interviewer.

An einigen Beispielen können wir uns das gut verdeutlichen:

Die »geschlossene« Interviewerfrage:

»Hatten Sie an Ihrem letzten Arbeitsplatz persönliche Schwierigkeiten?« ist heikel (Fragehintergrund: Bewerbermotive Arbeitsplatzwechsel, Hypothese: schwieriger Mensch), würde aber den Bewerber schnell mit Nein (ggf. »Nein, keine«) antworten lassen, und schon wieder wäre der »Ball« zurückgespielt, und der Interviewer müßte eine neue Frage stellen. »Mit welchen persönlichen Schwierigkeiten mußten Sie sich an Ihrem letzten Arbeitsplatz auseinandersetzen?« hat den gleichen Fragehintergrund, ist jetzt aber als »offene« Frage gestellt. Kein Mensch könnte hier nur mit einem schlichten Nein antworten.

Diese Frage provoziert mehrere Antwortsätze, ganze Erklärungen, und schnell verfängt sich der Bewerber in Rechtfertigungen, Entschuldigungen, ja sogar Anklagen, wer ihm beim letzten Arbeitsplatz »Steine in den Weg« gelegt habe.

Daß diese Informationen von höchster Wichtigkeit für einen neuen Arbeitgeber sind, liegt ebenso auf der Hand wie die Tatsache, daß sie aus Bewerbersicht nicht in das Vorstellungsgespräch hineingehören.

Hier kann es dem Interviewer mittels der offenen Fragetechnik erfolgreich gelingen, beim Bewerber eine Barriere zu durchbrechen. Der Befragte wird sich möglicherweise hinreißen lassen, mehr zu erzählen, als er ursprünglich wollte, u. U. mehr, als für ihn gut ist ...

Wenn diese Fragetechnik professionell angewandt wird, der so Befragte Raum und Zeit hat, ausführlich zu berichten, und der Interviewer zusätzlich die Ausführungen des Bewerbers gelegentlich durch eine freundliche Miene, Kopfnicken und zustimmendes »Mmh« oder »ja, sehr interessant« begleitet, können in der Regel optimale Informationsgewinne erzielt werden. Gewinner ist dabei der Frager, Verlierer muß nicht der Befragte sein, es kommt darauf an, was er von bzw. über sich preisgibt.

Noch effektiver präsentiert man als Interviewer die eingangs formulierte Frage nach den persönlichen Schwierigkeiten am letzten Arbeitplatz so:

»Wie haben Sie es erfolgreich geschafft, persönliche Schwierigkeiten, die man Ihnen am letzten Arbeitplatz gemacht hat, gut zu überwinden?«

Zunächst: Wer wüßte nicht als Arbeitnehmer von solchen Problemen ein »Lied zu singen«? Trotzdem ahnen Sie ja bereits, wie heikel diese Frage ist.

Durch die gut vorgetragene und positiv verpackte wohlwollend klingende Frage werden sich zwei Drittel der Bewerber verführen lassen, Dinge zu erzählen, die hier im Vorstellungsgespräch mit einem potentiellen neuen Arbeitgeber eigentlich auf keinen Fall erwähnt werden sollten. Das hängt natürlich auch mit der besonderen Drucksituation zusammen, die in einem solchen Gespräch nun einmal besteht.

Die eben beschriebene Fragetechnik stellt einen durchaus kritischen Sachverhalt (persönliche Schwierigkeiten) in den Hintergrund und »verkauft« deren erfolgreiche Überwindung dem Gefragten schmeichelhaft als gute Gelegenheit, sich selbst darzustellen. Auf diese Art von »Verführung« fallen viele Bewerber herein. Der Verschiebung der Aufmerksamkeit auf einen weniger heiklen »Nebenkriegsschauplatz« – in diesem Fall auch noch positiv verpackt (Durchsetzungsvermögen) – ist sicherlich nicht leicht zu widerstehen.

Entscheidend bleibt aber trotz aller Fragen und gesprächstechnischer Raffinessen, was Sie von sich und über Ihre Arbeit erzählen, was Sie preisgeben wollen. Das bedarf natürlich einer intensiven Vorbereitung und Reflexion.

Zur Problematik der »heiklen Fragen« finden Sie noch ausführliche Hinweise in nachfolgenden Kapiteln (ab S. 123): Umgang mit unangenehmen Einwänden gegenüber Ihrer Person, dem sogenannten Streß-Interview und juristisch unzulässigen Fragen, die man Ihnen zumuten könnte.

Kommen wir jetzt aber zu der ersten großen offenen Aufforderungsfrage zurück:

- **Wir wollen Sie gern kennenlernen. Erzählen Sie uns doch bitte mal etwas über sich.**

Dieser so nett und harmlos vorgetragenen Bitte wird sich der Bewerber kaum entziehen können oder sogar wollen und ggf. weit ausholen. Wer hier jedoch bei Adam und Eva, seiner frühesten Kindheit, Schul- und Ausbildungszeit etc. anfängt, um vielleicht nach 15 Minuten bei Höhepunkten seiner beruflichen Laufbahn angekommen zu sein und dann noch willig sein Privat- und Familienleben offenbart, führt (nicht nur) eine Art »seelischen Striptease« mit in der Regel verheerenden Auswirkungen vor, sondern langweilt »tödlich«, demonstriert, Wesentliches vom Unwesentlichen nicht unterscheiden zu können etc.

Andere offene Fragen, z. B.

- **Was ist wichtig in Ihrem Leben?**

sind immer in Bezug auf den angestrebten Arbeitsplatz mit seinen spezifischen Aufgaben zu beantworten und nicht etwa Gelegenheit, in epischer Breite Einblick in die Privatsphäre zu geben (obwohl dies durchaus Ziel der Frage, Wunsch des Fragestellers sein kann).

Was glauben Sie, macht es für einen Eindruck, wenn Sie als Bewerber auf diese Aufforderung hin anfangen, von Ihren Surferlebnissen bei Windstärke 6 auf dem Steinhuder Meer zu schwärmen, oder wenn Sie in Angelabenteuern an der Leine schwelgen?

Höflichkeit, Freundlichkeit, Blickkontakt, Bemühtheit und Interesse tragen wesentlich dazu bei, die Sympathiegefühle Ihres Gegenübers zu mobilisieren. Verlieren Sie aber beim Sprechen nicht die Kontrolle über den Rest Ihrer Person: Wer mit der Hand vor dem Mund spricht, kann sich nur schwer verständlich machen, und wer sich alle Augenblicke mit derselben nervös durchs Haar fährt, überzeugt nicht (und hat später vielleicht sogar fettige Hände).

Auch wenn wir hier nicht weiter auf die Signale des Körpers eingehen, ist es bereits jetzt erwähnenswert, daß viele Personalchefs meinen, aus der Körpersprache Rückschlüsse auf die Persönlichkeit ziehen zu können (s. S. 131).

Nur soviel: Die Körpersprache beeinflußt ebenfalls das Gespräch, und wenn Ihr Gegenüber bereits zum zweiten Mal gähnt, könnte dies ja vielleicht an Ihrem langatmigen »Vortrag« liegen.

Lassen Sie sich durch nichts provozieren, fragen Sie zurück, ob Sie eine Frage, die Ihnen merkwürdig vorkommt, richtig verstanden haben, und reagieren Sie mit Gelassenheit. Möglicherweise will man ja genau das herausbekommen, nämlich wie Sie reagieren, wenn man Sie persönlich angreift, kritisiert und/oder hinterfragt.

Wittern Sie aber andererseits nicht gleich hinter jeder Frage eine Falle. Es geht schließlich darum, Sie kennenzulernen – und wer möchte nicht gerne wissen, mit wem er es zu tun hat.

Und noch etwas sehr Wichtiges: Sprechen Sie nie schlecht über andere Menschen (z. B. frühere oder heutige Vorgesetzte, Kollegen, Mitarbeiter etc.), auch wenn Sie wirklich allen Grund dazu hätten. Hier geht es um die Überprüfung Ihrer Loyalität, und ein »Plaudern aus dem Nähkästchen« wird kein potentieller Arbeitgeber in dieser Situation honorieren.

Worauf es im Gespräch wirklich ankommt

Auf den Punkt gebracht: Was sind die Essentials bei der Beantwortung der Fragen im Vorstellungsgespräch?

- Seien Sie gut vorbereitet;

- hören Sie aufmerksam zu;
- erkennen Sie den Fragehintergrund, die zugrundeliegende Intention;
- nehmen Sie sich Zeit zum Überlegen;
- fragen Sie ggf. nach, ob Sie richtig verstanden haben (auch dadurch gewinnen Sie Antwortvorbereitungszeit und wissen besser, »wohin der Hase läuft«);
- überlegen Sie kurz vorher, was Sie mit der Beantwortung sagen und erreichen wollen, was Ihr Ziel ist;
- was spricht für Sie, was evtl. gegen Sie?
- welche Beweise können Sie anbieten?
- wie begegnen Sie evtl. Einwänden?

Hoffentlich haben Sie Ihre Vorbereitung mit der Analyse der vier Fragen: Was für ein Mensch bin ich, was kann, was will ich, und was ist möglich, ausreichend genug vorangetrieben. Dann kennen Sie Ihre Ziele.

Über den Fragehintergrund sind Sie nach der intensiven Durcharbeitung unseres Vorstellungs-Fragenkatalogs gut informiert. Sie wissen, was Sie sagen wollen, besonders aber, was nicht.

Erarbeiten Sie sich Techniken, die Ihnen bei schwierigen Fragen (s. Aufstellung S. 121) Zeitgewinn ermöglichen. Zum Beispiel bei der Frage des Interviewers:

»Was machen Sie, wenn wir in der Probezeit feststellen, uns in Ihnen getäuscht zu haben?«

(Eine nicht ganz leichte Frage, warten Sie einige Sekunden, vermitteln Sie den Eindruck, nachzudenken.)

»Mmh ..., habe Ich Sle rlchtlg verstanden? Sle wollen von mlr wlssen, wie ich in dem Fall . . ., also wenn Sie sich für mich entschieden haben . . ., wie ich mit dem Problem umgehe, in der Probezeit nicht Ihre Erwartungen erfüllt zu haben ...«

Sehr wahrscheinlich wird der Interviewer jetzt wieder das Wort ergreifen und – je nachdem, ob er mehr oder weniger Profi ist – seine Frage kürzer oder länger wiederholen. Nicht selten sogar bis hin zu sehr ausführlichen, mit deutlichen Hinweisen versehenen Aspekten, die Ihnen seine Frageintention verdeutlichen. Z.B. mit dem Zusatz, ob Sie daran denken würden, wieder zu Ihrer alten Firma zurückzugehen. – Nun wissen Sie, worum es geht und können gezielt darauf eingehen.

Sicherlich hätten Sie auch so reagieren können:

»Das ist eine interessante Frage ...«

»Über diese Frage muß ich erst mal nachdenken ...«

»Zugegeben, mit dieser Frage habe ich mich noch nie beschäftigt ...Ist das jetzt sehr wichtig ...? Hängt davon ...ab?«

Sie könnten aber auch auf eine allgemeinere Ebene ausweichen:

»In dieser Situation würden wohl viele Menschen so und so reagieren. Was meinen Sie? Würden Sie meine Einschätzung teilen ...?«

»Interessant! Ist so etwas bei Ihnen im Unternehmen in der letzten Zeit vorgekommen ...?«

Wie und was Sie auch immer in dieser Situation antworten würden, die Beispiele sollen Ihnen zeigen, wie man sogar mit schwierigen Fragen ganz gut fertigwerden kann.

Rhetorik – wie Sie richtig argumentieren

Nun ist es nicht Anliegen dieses Buches, einen Lehrgang in Rhetorik zu ersetzen. Aber vielleicht wecken wir ja bei Ihnen ein spezifisches Interesse an dieser Thematik, und so wollen wir gleich noch etwas zur sogenannten Fünfsatz-Technik sagen.

Vorab aber die Basisstrategie, die im Vorstellungsgespräch bei wechselseitigem Frage- und Antwort-»spiel« zum Erfolg führt:

Auch wenn man Sie nicht gleich mit unangenehmen Fragen konfrontiert: Auf der Arbeitgeberseite bestehen in der Regel immer Bedenken, Vorurteile und Zweifel, mit denen Sie als Bewerber rechnen müssen. Wie gehen Sie damit um?

Hier bietet die Fünfsatz-Argumentation ein gutes gedankliches Rüstzeug, nützliche praktische Hilfe und Orientierung. Sie leistet hervorragende Dienste, wenn Sie Ihre Statements situativ und hörerbezogen vortragen.

1. Benennen Sie klar und kurz Ihren Standpunkt:
   »Ich bin davon überzeugt, für die Aufgabe der richtige Kandidat zu sein.«
2. Präsentieren Sie Ihre Argumente:
   »Meine Qualitäten für diese Position sind ...« (Fähigkeiten, Kenntnisse, Erfahrungen ...)
3. Untermauern Sie dies durch Beispiele, Beweise:
   »Ich habe mit Erfolg z. B .... gemacht. Als Nachweis für ... kann ich anführen ...« usw.
4. Begegnen Sie möglichen Einwänden bzw. kommen Sie ihnen zuvor:
   »Sie werden jetzt denken ... Ich aber versichere Ihnen ...«
5. Ziehen Sie das Fazit:
   »Aus diesen Gründen (1., 2., 3.) traue ich mir die Aufgabe zu und werde sie bestimmt erfolgreich bewältigen.«

Beachten Sie bei dieser Vorgehensweise,

- daß Sie Ihre Munition (Argumente) nicht zu früh »verschießen«
- daß bei mehreren Argumenten das beste am Schluß, das zweitbeste am Anfang stehen sollte
- daß sich Ihr Gegenüber auf das schwächste Argumentationsglied Ihrer Kette konzentrieren wird.

Nehmen Sie die Chance war, dabei wirkungsvoll zu überzeugen. Das muß nicht bedeuten, den anderen »totzureden«. Wie Sie mit Einwänden umgehen, ist oftmals wichtiger und bringt mehr Sympathiepunkte als der vermeintliche argumentative Sieg. Begreifen Sie also den vorgebrachten Einwand immer auch als Wunsch nach Verständnishilfe, und unterstützen Sie das Orientierungbedürfnis Ihres Gesprächspartners.

Wie Sie Einwänden am besten begegnen

Standardtechniken der Rhetorik sind die bedingte Zustimmung, die Umformulierungsmethode, die Verzögerungstechnik und die Vorteil-Nachteil-Methode.

Die bedingte Zustimmung: Darunter versteht man das Herausgreifen eines Teilaspektes des vorgebrachten Einwandes, dem man aus taktischen Erwägungen (bedingt) zustimmt, um daraufhin seinen eigenen Standpunkt um so besser zu präsentieren. Im Anschluß daran relativiert man den vorgebrachten Einwand nun insgesamt und ...gewinnt.

Beispiel: Der Interviewer wendet ein, Sie seien für die verantwortungsvolle Position vielleicht doch noch ein bißchen zu jung.

»Das ist ein wichtiger Punkt, den Sie da ansprechen. Sie haben recht. Ich bin XX Jahre alt. Sollte man aber die Vergabe dieser wichtigen Aufgabe alleine vom Alter des Bewerbers abhängig machen . . .?«

»Nein, das sicherlich nicht ...«, wird die Antwort lauten ...

»Sehen Sie ..., ich bin ganz Ihrer Meinung. Es gibt da andere, wichtigere Kriterien, die ...Wir sind uns also darin einig, daß ...viel größere Bedeutung hat.«

Die Umformulierungsmethode: Hierbei wird der Einwand durch eine (tendenziöse) Umformulierung weitestgehend entschärft.

»Wenn ich Sie richtig verstanden habe ..., kommt es Ihnen auf die Erfahrung und – sagen wir mal – Reife an, die für die zu besetzende Position mit eine wichtige Rolle spielen sollte ...«

Jetzt können Sie wieder mit Ihren Erfahrungen argumentieren, andere Kriterien in den Vordergrund rücken, als wichtig herausstreichen etc.

Die Verzögerungstaktik: Sie signalisieren, den Einwand verstanden zu haben, und bitten darum, zunächst noch ...dies und das ...sagen, erklären, zeigen, fragen zu dürfen, was Sie dann auch sofort tun und was die ganze Sache möglichst voranbringt. In jedem Fall kommt das Gespräch zu einem anderen Punkt, der den vorherigen Einwand hoffentlich vergessen, nicht mehr interessant erscheinen läßt.

»Eine interessante Frage, kann ich aber zunächst noch einmal darauf hinweisen, daß ...«

Die Vorteil-Nachteil-Methode: »Ich habe Sie doch richtig verstanden – bitte korrigieren Sie mich, wenn ich da irgendwie jetzt falsch bin – Sie meinen also: das Alter sei für diese Position von wichtiger Bedeutung.

Da gebe ich Ihnen natürlich recht. Der Vorteil eines jüngeren Kandidaten liegt bei ..., der Nachteil eines älteren bei ...Aus meiner Sicht ist der Vorteil eines älteren ..., der Nachteil eines jüngeren aber nicht so gravierend, so daß ich hier den Standpunkt vertreten möchte: Der Vorteil eines jüngeren Kadidaten überwiegt doch ganz deutlich ...und ist natürlich auch abhängig von anderen Faktoren wie z. B. ... «

Hier wird scheinbar der gebotene Einwand aufgenommen, Vor- und Nachteile werden abgewogen. Da Sie das selbst formulieren, liegt das Ergebnis in Ihrer Hand und ist damit gut steuerbar. Dies hilft, Ihre Position auszubauen, und in dem Beispiel führen Sie – nicht völlig uneigennützig – gleich weiter zu anderen argumentativen Positionen.

Das bringt uns unweigerlich zum Thema: Wie kommen Sie mit wirklich unangenehmen Fragen klar, wie verhalten Sie sich gegenüber Einwänden zu Ihrer Person?

Peinlichkeiten – Umgang mit unangenehmen Fragen

Welche Fragen fürchten Sie im Vorstellungsgespräch? Machen Sie sich vorab eine Liste unangenehmer Fragen (»Angstfragen«), und versuchen Sie, wie bei den anderen Themen auch, sich Antwortmöglichkeiten im Vorfeld zu überlegen.

Reagieren Sie z. B. sehr zurückhaltend auf die Vorstellungsgesprächsfrage

- **Was spricht gegen Sie als Bewerber für diese Aufgabe?**

Denken Sie daran, wie meisterhaft es Politiker verstehen, auf unangenehme Fragen zu antworten. Da wird z. B. die Frage nach der Erklärung für eine erdrutschartige Wahlniederlage damit beantwortet, daß man sich zunächst einmal ganz herzlich bei den Wählerinnen und Wählern sowie den vielen Helfern für die außergewöhnliche Unterstützung und das entgegengebrachte Vertrauen bedankt und sich dann beklagt, wie aggressiv der Wahlkampf doch von der Gegenseite geführt wurde.

Heben Sie an dieser Stelle – bei der Frage, was gegen Sie als Bewerber spricht – eher noch einmal hervor, was für Sie spricht, und bieten Sie nach theatralischem, wohlkalkuliertem Zögern ein, maximal zwei Punkte an, die aber nicht wirklich überzeugend gegen Sie sprechen.

Natürlich müssen Sie sich das vorher genau überlegt haben, damit Sie in so einer kritischen Situation den bestmöglichen Eindruck machen und nicht etwa unfreiwillig selbst den Stab über sich brechen (etwa nach dem Motto: »Ich glaube, Herr Direktor, ich bin einfach zu sensibel ...«).

Standardeinwände gegen Bewerber sind: zu alt, zu jung, zu wenig erfahren, zu teuer, über- oder unterqualifiziert, zu lange am gleichen Arbeitsplatz, zu oft gewechselt, falsches Geschlecht, zu häufig krank (wird eher gedacht als ausgesprochen), zu kritisch, zu schüchtern, falsche (auch ehemalige) politische Überzeugung und/oder Parteizugehörigkeit usw. – mal eben das eine und dann auch wieder das genaue Gegenteil.

Mit dazu gehören auch Fragen wie:

- **Was würden Sie machen, wenn ...?**

Und dann folgen Horror- oder Katastrophenszenarien, fast unlösbare Aufgaben und Situationsbeschreibungen, die Sie nun mal eben so aus dem Stegreif lösen oder doch wenigstens bearbeiten sollen.

Was immer man gegen Sie einwendet (wenn überhaupt offen), es kommt darauf an, wie Sie damit umgehen. Manche Interviewer leiten einen solchen Provokationstest mit den Worten ein:

- **Was würden Sie sagen, wenn wir Ihnen den Arbeitsplatz nicht anbieten, weil ...**

Hier empfiehlt sich etwa folgende Strategie: »Darauf würde ich Ihnen antworten, daß ich Ihr Argument einserseits verstehe, andererseits aber doch anführen oder bemerken möchte, daß ...«

Im Grunde genommen geht es bei einer derartigen Fragetechnik immer darum zu sehen, ob und wie Sie Gelassenheit bewahren und mit solchen Fragen, Bemerkungen und Feststellungen sachlich-professionell umgehen können.

Wirkliche Einwände gegen Ihre Person wird man nie direkt mit Ihnen diskutieren. Also ist das Ganze ein Teil des Gesamtschauspiels »Vorstellungsgespräch«, und Sie sollten an diesem Punkt nicht verzweifeln. Hier gilt es eher, Chancen zu nutzen, weil Sie ja nun wissen, worauf es eigentlich ankommt.

Trotzdem kann es auch sinnvoll sein, z. B. den Vorwurf, Sie hätten zu häufig gewechselt, einfach zu akzeptieren und nicht krampfhaft zu versuchen, sich herauszureden. Offenheit kann manchmal sehr entwaffnend wirken.

Das Streß-Interview – und Sie bleiben ganz gelassen

Gelegentlich werden Bewerbungsgespräche zum Teil als sogenanntes Streß-Interview angelegt.

Worum es geht: In einer Art Kreuzverhör konfrontiert man Sie mit einer Reihe von unangenehmen und unerwarteten Fragen, um Sie »in die Ecke zu treiben« und stark zu verunsichern. Alles ist darauf angelegt, Ihr Selbstbewußtsein zu erschüttern. Eine Lawine von unglaublichen Beschuldigungen, Sarkasmus, Zynismus, Ironie und hin und wieder ein Kompliment könnte Sie erwarten. Kompliment übrigens nur deshalb, damit Sie – eigentlich fast der Ohnmacht nahe – nicht einfach davonlaufen bzw. schlicht umkippen. Oft fehlt bei diesen Attacken jeder Bezug zum potentiellen neuen Arbeitsplatz.

Nach einer »Anwärmphase« – sie dient der Entspannung und der Bereitschaft, sich dem interviewenden Gesprächspartner zu öffnen – wird ganz gezielt versucht, Sie massiv unter Druck zu setzen.

Behauptet nun Ihr Gegenüber im Gespräch, Ihre gesamten Angaben und Aussagen seien »geschönt« oder, noch krasser, »erstunken und erlogen«, man solle doch jetzt einmal »Klartext miteinander reden«, ist dies möglicherweise der Gong zur ersten Runde.

Wie reagieren Sie darauf? Bloß nicht zu heftig. Bleiben Sie sachlich, gelassen, und warten Sie ab. Versuchen Sie, alle Fragen so knapp wie möglich zu beantworten, und stehen Sie auch unangenehme Schweigepausen durch, schweigen Sie mit. Dazu ein kleines Beispiel:

Interviewer: »Finden Sie eigentlich nicht auch, daß Sie für diese Position viel zu unerfahren sind, ohne ausreichende Kompetenz?«

Antwort: »Nein, da bin ich anderer Meinung.« (Und abwarten, nur nicht aus Verunsicherung, Verzweiflung anfangen zu argumentieren.)

Interviewer: »Ich habe den deutlichen Eindruck gewonnen, daß man in Ihrer Abteilung recht froh wäre, wenn Sie die Firma verlassen würden.«

Mögliche Antwort Ihrerseits: »Das ist Ihr subjektiver Eindruck. Ich weiß nicht, wie Sie dazu kommen. Ich sehe das anders.« (und STOP – nicht weiterplappern!)

Interviewer: »Sie haben sich doch jahrelang auf Ihrem letzten Posten vor der Lösung konkreter Probleme gedrückt. Wie glauben Sie denn jetzt, bei uns mit den hier auf Sie wartenden praktischen Aufgaben und den damit verbundenen Schwierigkeiten klarzukommen?«

Mögliche Antwort: »Ich teile nicht Ihre Einschätzung bezüglich meiner Erfahrung im Umgang mit konkreten Problemen, und was den Arbeitsplatz betrifft, traue ich es mir sehr wohl zu, die anstehenden Probleme konkret zu lösen.«

Interviewer: »Sie vermitteln den Eindruck, recht unbeherrscht und impulsiv zu sein. Das macht Ihnen doch sicherlich häufig Schwierigkeiten?«

Ihre mögliche Antwort: »Ich weiß nicht, wie Sie darauf kommen, aber damit habe ich in der Regel keine Schwierigkeiten.«

Interviewer: »Na sehen Sie, Sie sagen es selbst. In der Regel. Es gibt also doch Ausnahmen.«

Ihre mögliche Antwort: »Eigentlich nicht, aber wie Sie selbst sagen, Ausnahmen bestätigen die Regel. Jedenfalls im allgemeinen ...«

Diese kleine und sicherlich unvollständige Dialog-Kostprobe sollte Ihnen kurz und knapp Tendenzen und Antwortmöglichkeiten aufzeigen. Ein geschulter Streß-Interviewer wird Ihnen kaum die Möglichkeit lassen, »unverletzt« aus so einer Situation herauszukommen.

Wenn Sie sich aber von vornherein darüber im klaren sind, daß diese Fragen nur der Provokation dienen, gezielt verletzen sollen, um Sie zum Äußersten zu bringen, dann können Sie entsprechend gelassen und defensiv reagieren. Sollten Sie das zu sehr übertreiben, also zu cool bleiben, wird es natürlich noch stärkere Provokationen von seiten des Interviewers geben.

Möglicherweise erreicht das Gespräch – aber bitte nicht zu früh – einen Punkt, an dem Sie sich Frechheiten, Unterstellungen etc. von Ihrem Gegenüber in angemessener, aber noch immer relativ höflicher Form verbitten sollten. Es ist ab einem bestimmten Zeitpunkt notwendig, angemessen aggressiv (immer noch im Sinne von defensiv) zu reagieren, um damit auch zeigen zu können, daß man in der Lage ist, sich abzugrenzen.

Neben der gezielten Form, jemanden durch provokative und beleidigende Fragen zu kränken und aus der Reserve zu locken, versuchen manche Interviewer, den Bewerber durch extreme Passivität auflaufen zu lassen.

Lange Schweigepausen des Interviewers oder eine abwartende, desinteressierte Haltung soll

a) Sie in Zugzwang bringen, viel zu reden und damit möglichst etwas von sich zu erzählen und preiszugeben;

b) Ihr Verhalten – auch körpersprachlich (s. Seite 131 ff.) – in einer Schweigesituation testen, Ihre Streßresistenz prüfen.

Auch Fragen wie

- **Wo sind Ihre größten Schwächen? oder**
- **Falls Sie überhaupt Freunde haben, wie kommen die eigentlich mit Ihnen klar?**

müssen Sie mit Gleichmut ertragen. Fängt man an, Ihnen Dummheit zu unterstellen, etwa nach dem Motto

- **Sie bewerben sich hier um eine Position – ist die nicht wirklich drei Nummern zu groß für Sie?**

dürfen Sie ruhig darauf hinweisen, daß man sich mit Ihnen nicht diese Mühe geben würde, wenn man von vornherein davon überzeugt gewesen wäre, Sie würden nicht in diese Position passen.

Noch ein Provokationsbeispiel:
»Eigentlich sitzen mir hier auf diesem Platz nur Leute gegenüber, die wirklich exzellente Leistungen aufzuweisen haben. Sie können in dieser Hinsicht nicht viel vorweisen. Sicherlich haben Sie andere Qualitäten, sonst hätten Sie sich ja wohl nicht bei uns beworben? Nun, die Zeit ist knapp, am besten Sie berichten mir etwas über sich. Ich werde Sie nicht unterbrechen.«

Sogar auf so eine breite und offene Frage kann man sich vorbereiten. Sie sollten immer in der Lage sein, 10 bis 15 Minuten den »Alleinunterhalter« zu spielen und dabei nicht zu langweilen. Das sind Sie sich einfach schuldig. Aber erwarten Sie bitte nicht ein interessiertes, begeistertes Gesicht von Ihrem Gegenüber. Der wird sich alle Mühe geben, furchtbar gelangweilt dreinzuschauen. Macht nichts, ein Streß-Interview eben!

Noch einmal zusammengefaßt: In einem Streß-Interview ist es das Hauptziel des Interviewers, Sie aus der Reserve zu locken, Sie zu provozieren, Ihr Verhalten in einer extremen Streßsituation zu testen. Es liegt bei Ihnen, wie weit Sie sich darauf einlassen, wie gut Sie vorbereitet sind und wie Sie mit so einer Situation umgehen wollen. Wichtig ist es, die Ruhe zu bewahren und gelassen zu bleiben, möglichst kurz und knapp zu antworten, aber nötigenfalls darauf hinzuweisen, daß es auch für Ihre Toleranz und Geduld Grenzen gibt. Schweigepausen oder -momente ertragen Sie in freundlicher Gelassenheit.

Gleichwohl: Zeigen Sie, daß Sie sich abgrenzen können, verweigern Sie sich, und weisen Sie Intimfragen deutlich zurück. Denn: Lassen Sie alles widerspruchslos mit sich machen, bekommen Sie dafür keinesfalls Pluspunkte. Machen Sie klar, daß der Interviewer mit diesen Fragen über das Thema hinausschießt und Sie nicht gewillt sind, weiter darauf einzugehen.

Bleiben Sie trotz aller Abgrenzung gelassen und relativ freundlich. Stehen Sie nicht einfach auf, verlassen Sie nicht den Raum, denn das würde man Ihnen als Niederlage, als Aufgeben und Flüchten ankreiden, der Job wäre für Sie verloren.

Und noch etwas: Unternehmen oder Personalberater, die dieses Verfahren praktizieren, sind für Sie möglicherweise nicht die richtige Arbeitsadresse. Machen Sie sich deutlich, was Ihnen unter Umständen erspart geblieben ist, wenn Sie auf einen Arbeitsplatz bei einem solchen Arbeitgeber verzichten.

Mißverstehen Sie andererseits nicht jede kritische Frage als den Beginn eines Streß-Interviews, und begegnen Sie Ihrem Interviewpartner nicht von vornherein mißtrauisch. Streß-Interviews sind Gott sei Dank nicht die Regel, eher eine Ausnahme. Ein normales Interview mit einem Streß-Interview zu verwechseln, kann Ihrem Arbeitsplatzwunsch ebenso abträglich sein wie eine unangemessen angepaßte oder aggressive Haltung in einem wirklichen Streß-Interview.

Nach diesem Exkurs zu einer glücklicherweise relativ selten praktizierten Interviewform hier zunächst eine Zusammenfassung zum Thema unangenehme Fragen und Streß-Interview:

Auf unangenehme Fragen müssen Sie vorbereitet sein. Sie selbst wissen am besten, was für Sie heikle, schwierige Fragen bzw. Themen sein könnten. Auch wenn Sie nicht alle Fragen vorwegnehmen oder vorbereiten können: Es kommt darauf an, eine generelle Beantwortungsstrategie und Umgangsweise für sich zu entwickeln, um mit diesen Themen gut fertigzuwerden.

Wichtig: Verwechseln Sie nicht gleich zwei, drei unangenehme Fragen mit der Situation eines Streß-Interviews, und grenzen Sie auch ab, was man unter juristisch unzulässigen Fragen versteht (dazu mehr ab S. 43).

Generell: Wer fragt, sollte auch eine Antwort bekommen. Bestimmen Sie aber, was Sie sagen, erzählen wollen. Lassen Sie sich nicht »verführen« oder dazu hinreißen, Dinge auszuplaudern, die Sie eigentlich nicht mitteilen wollten. Gehen Sie in schwierigen Situationen diplomatisch vor, bewahren Sie Haltung und Gelassenheit. Das Motto könnte lauten: Kontrollierte Spontaneität.

Es gibt sicherlich einige unangenehme Fragen, mit denen Sie im Vorstellungsgespräch konfrontiert werden könnten. Einen Teil haben wir Ihnen schon vorgestellt, Sie selbst wissen sicherlich weitere Fragen.

Hier noch einmal eine Kurzübersicht über unangenehme Fragen:
- Warum sollten wir Ihnen diese Position gerade nicht anbieten?
- Was spricht gegen Sie als Kandidat?
- Was sind Ihre Schwächen, Nachteile, Defizite?
- Was haben Sie alles in Ihrem (Berufs-)Leben trotz Vorsätzen (noch) nicht erreicht?
- Ihr größter (beruflicher) Mißerfolg, Ihre größte Enttäuschung etc.?
- Was haben Sie daraus gelernt, welche Konsequenzen gezogen?
- Wovor fürchten Sie sich?
- Was kann Sie so richtig ärgerlich machen?
- Was mögen Sie nicht, schätzen Sie bei ...nicht, haben Sie Schwierigkeiten mit ...(bei der Arbeit, am Arbeitsplatz, tätigkeits- und personenbezogen bei Kollegen, Mitarbeitern, Vorgesetzten, sich selbst)?
- Stellen Sie uns aus Ihrer beruflichen Laufbahn (aus Ihrem Werdegang, Leben) Negativ-(Anti-)Vorbilder vor und erklären Sie ...
- Was würden Sie in Ihrem (Berufs-)Leben anders machen, wenn Sie es könnten (wenn Sie noch mal von vorn anfangen könnten)?
- Was wollen Sie wann und wie (beruflich) in Ihrem Leben erreicht haben?
- Was sind Ihre persönlichen (beruflichen) Ziele, Ihr Motto (bis hin zum Sinn des Lebens)?
- Wie definieren Sie für sich die Begriffe: Verantwortung, Schwäche, Leistung etc.?
- Wie sollte Ihr Stellvertreter sein?
- Worin sollte er Sie ergänzen? Was sollte er haben, vorweisen, was Sie nicht haben?
- Was machen Sie, wenn wir Sie nicht nehmen?
- Was würden Sie tun, wenn Sie nicht mehr arbeiten müßten?

Natürlich könnten Ihnen auch positiv gefärbte und formulierte Fragen durchaus Schwierigkeiten machen: z. B. nach Ihren persönlichen Vorbildern, Ihrem größten Erfolg, was Sie auszeichnet usw. Und auch die sich daraus ergebenden Nachfragen (warum? wieso?) können es in sich haben.

Mittels unseres Fragenkatalogs haben Sie jetzt jedenfalls gute Trainingsmöglichkeiten.

Beachten Sie auch unsere Empfehlungen ab Seite 121 zum argumentativen Vorgehen. Aber nicht nur die Worte spielen im Vorstellungsgespräch eine Rolle ...

Körpersprache – Aussagen ohne Worte

Wie viele Sprachen beherrschen Sie? Ihre Muttersprache, Fremdsprachen – sehr schön. Viele Personalchefs und Taschenpsychologen glauben, die Körpersprache zu beherrschen, oder besser: zu verstehen. Der Körper lügt angeblich nicht (übrigens: Lügen haben kurze Beine). Erhobener Zeigefinger, hochgezogene Augenbrauen, gerümpfte Nase und eine in Falten gelegte Stirn sprechen eine deutliche Sprache. Wer die Hände im Schoß faltet oder hinter dem Kopf verschränkt, gibt seiner Umwelt bewußt oder unbewußt Signale. Nur welche, das ist hier die Frage.

Personalauswähler hantieren gerne mit Listen, aus denen sie schnell ablesen können, was eine bestimmte Haltung, Geste, Mimik usw. angeblich für eine Bedeutung hat – auf ähnlich düsterem Niveau wie die diversen Traumdeutungsbücher, die einem angeblich aufs Stichwort verraten, was der Traum der vergangenen Nacht bedeutet.

Im wesentlichen geht es um

- Blickverhalten
- Mimik
- Gesten
- Körperhaltung
- Sprechweise
- Geruch

Bitte nehmen Sie die folgende Liste nicht zu ernst, aber Sie sollten wissen, wie Ihr Verhalten möglicherweise interpretiert werden könnte.

Körpersignal	Bedeutung
Blickverhalten	
Augen betont weit offen	Aufmerksamkeit, Aufnahmebereitschaft, Sympathie, Weltoffenheit, Flirtverhalten
Augen wenig offen	Konzentration, Entschlossenheit, Eigensinn, Kleinlichkeit, überkritische Haltung
zugekniffene Augen	Abwehr, Unlust
gerader Blick	Offenheit, Gewissensreinheit, Vertrauen
schräger Blick	abschätzende Zurückhaltung
häufiger Blickkontakt	Sympathie
häufiges Wegsehen	mangelnde Sympathie oder Verlegenheit
auffällig häufiger Lidschlag	Unsicherheit, Befangenheit, u.U. nervöse Störung
Mimik	
offenes Lächeln	offene Heiterkeit, uneingeschränkte Mitfreude
gequältes Lächeln	ironisch, schadenfroh, blasiert, ängstlich
überwiegend geöffneter Mund	Mangel an Selbstkontrolle
zusammengepreßter Mund	Zurückhaltung, Reserviertheit, Verkniffenheit, Kontaktarmut
Mundwinkel nach unten	Bitterkeit, Pessimismus, depressiv
Mundwinkel nach oben	Aktivität bis Abwehr
Heben der Augenbrauen	Ungläubigkeit oder Arroganz
Gesten	
übertrieben kräftiger Händedruck (»Knochenbrecher«)	Rücksichtslosigkeit, Angeberei
kräftiger Händedruck ohne Übertreibung	Aufrichtigkeit, Sicherheit
schlaffer Händedruck (»tote Hasenpfote«)	Unsicherheit, kontaktarm, leicht beeinflußbar
Hand wegziehend	Verschlossenheit
verschränkte Arme	
– bei Männern	Ablehnung, Verschlossenheit
– bei Frauen	Selbstschutz, Angst
Hand vor den Mund halten	
– während des Sprechens	Unsicherheit
– nach dem Sprechen	will das Gesagte zurücknehmen
Sprecher hält Armlehnen mit beiden Händen fest	Aggressivität, aber etwas unsicher, neigt zur Weitschweifigkeit
Kopf auf Hände stützen	Nachdenklichkeit, Erschöpfung, Langeweile
Spitzdach mit den Händen formen	Arroganz, Abwehr gegen Einwände
Hände reiben	selbstgefällig, selbstzufrieden

spielende Hände	Zeichen von Erregung, Nervosität, Befangenheit, Angst, Verwirrung
mit dem Finger auf den Gesprächspartner zeigen	Angriff, Wut
Hand zur Faust ballen	Wut, verhaltener Zorn
Anfassen der Nase	Nachdenklichkeit, kritische Haltung, Verlegenheit
über den Hinterkopf streichen, Zupfen an den Ohren	Verlegenheit, Unbehagen, Ärger
Streichen des Kinns	Nachdenklichkeit, Zufriedenheit
Finger zum Mund nehmen	verlegen, unsicher
mit den Fingern trommeln	Nervosität, Ungeduld
häufiges Spielen mit dem Ring	Eheprobleme, frustriert vom häuslichen Leben
häufiges Abnehmen der Brille	Ablehnung, Angriff, Nervosität
Körperhaltung	
Achselzucken, die Handflächen nach außen	Hilflosigkeit
übereinandergeschlagene Beine	
– zum Gesprächspartner hin	Aufbau eines Sympathiefeldes
– vom Gesprächspartner weg	Ablehnung, Unwillen
übergeschlagene Beine, Knie in die Hand gestützt	kritisch, skeptisch
dicht aneinandergestellte Füße beim Sitzen	schuldhafte Ängstlichkeit, Einzelgänger, überkorrekte Grundeinstellung
breit auseinanderklaffende Beine beim Sitzen	sorglose Unbekümmertheit, Rücksichtslosigkeit
alarmbereite Sitzweise (auf Sprung sein)	Mangel an Selbstvertrauen und Sicherheit, auch Mißtrauen, innere Unruhe, Angst
Füße um die Stuhlbeine legen	Unsicherheit, Suche nach Halt
Füße nach hinten nehmen	Ablehnung
mit den Füßen wippen	Arroganz, Ungeduld, Sicherheit, Aggressivität
steife, militärische Körperhaltung, geziert aufrecht	Unterdrückung von Angst
breitbeinig dastehen, Daumen in Achselhöhlen	Selbstsicherheit
den Oberkörper weit nach vorn lehnen	Interesse, Sympathie, Wunsch zu unterbrechen
den Oberkörper weit zurücklehnen	Desinteresse, Ablehnung
Sprechweise	
lautstarke Stimme	Vitalität, Selbstbewußtsein, Kontaktfreude, aber auch Unbeherrschtheit, Geltungsdrang
leise, flüsternde Stimme	Schwäche, mangelndes Selbstbewußtsein, aber auch Sachlichkeit, Bescheidenheit
schnelles Sprechtempo	Impulsivität, Temperament, aber auch ungezügelt, nervös

Körpersignal	**Bedeutung**
langsames Sprechtempo	antriebsschwach, aber auch Sachlichkeit, Besonnenheit, Ausgeglichenheit
wechselndes Sprechtempo	innere Unausgeglichenheit
ausgeprägte Pausengestaltung	Disziplin, Selbstbewußtsein
starke Akzentuierung	Lebhaftigkeit, Gefühlsstärke
schwache Akzentuierung	Uninteressiertheit, mangelnde geistige Flexibilität
Geruch	
parfümiert	werbend
überstark parfümiert	unsicher, vernebelnd
Schweißgeruch	ängstlich, unordentlich

Nicht nur was Sie sagen, sondern besonders das Wie ist nicht ganz zu Unrecht Anlaß für Interpretationen und damit Orientierungs- und Entscheidungshilfe. Das trifft vor allem für das Vorstellungsgespräch zu. Ein Bewerber, der mit zitternden Händen und Schweißperlen auf der Stirn unruhig hin und her schaukelnd berichtet, wie er ein neues Außendienstabrechnungssystem entwickelt und durchgesetzt hat, wirkt nun einmal nicht sehr überzeugend.

Schön wäre es ja schon, wenn man den Leuten von der Nasenspitze ablesen könnte, ob sie gerade etwas übertreiben, flunkern, faustdick lügen oder bei der Wahrheit bleiben. Diese ist übrigens immer subjektiv, und von allem stimmt ja auch stets das Gegenteil.

In einem Fachtext für Personalbeurteiler werden acht Merkmale angeboten, die aufgrund von Körpersignalen zu beurteilen seien:

1. die Gepflegtheit, der gesamte äußere Eindruck
2. gute Manieren, Verhalten, Benehmen (z. B. im Restaurant)
3. die Kontaktfähigkeit
4. die Dominanz, der Führungsanspruch
5. Vitalität, Dynamik, Extrovertiertheit
6. die körperliche Verfassung und Belastbarkeit
7. die nervliche Belastbarkeit
8. die Selbstsicherheit

Negatives auf den Punkt gebracht: Eine amerikanische Personalberatungsfirma hat 200 Vorstellungsgespräche ausgewertet, in denen die Bewerber gescheitert sind. Die Analyse ergab sechs Aspekte, die für den Mißerfolg verantwortlich zu machen waren:

1. Keine überzeugende äußere Erscheinung, unpassende Kleidung bzw. ungepflegtes Äußeres.
2. Mängel in der Fähigkeit, die eigene Meinung deutlich zum Ausdruck zu bringen.
3. Mängel in der Fähigkeit, die eigene Person weitgehend objektiv darzustellen.
4. Unzureichende Ausstrahlung von Selbstvertrauen und Begeisterungsfähigkeit.
5. Zu starke Kritik an früheren Arbeitgebern.
6. Zu häufiger Stellenwechsel.

Erneut wird deutlich, daß »der Faktor Persönlichkeit« entscheidend ist: Die ersten fünf Ablehnungsgründe hängen eindeutig mit »Persönlichkeitsmängeln« zusammen.

Positives auf den Punkt gebracht: Die folgenden Persönlichkeitsmerkmale sind für Ihren Erfolg im Vorstellungsgespräch von besonderer Relevanz:

Auftreten
Ausstrahlung

Autorität
Integrität

Selbstsicherheit
Glaubwürdigkeit
Lebendigkeit

Begeisterungsfähigkeit
Entschlossenheit
Bestimmtheit

Rücksicht
Einfühlungsvermögen
Verständnis

(angemessene) Vertrautheit

Die Nachbereitung

Nachdenken – nachbereiten – nachfassen

Nachdenken

Nach der Schwerstarbeit Vorstellungsgespräch haben Sie eine Belohnung verdient – unabhängig, wie das Ganze für Sie gelaufen ist. Lassen Sie sich verwöhnen, oder tun Sie sich selbst etwas Gutes. Sie brauchen neue frische Kräfte für eine eventuelle nächste Runde. Und die kommt unweigerlich auf Sie zu, wenn Sie Ihre Chancen ernsthaft wahrnehmen wollen.

Nachdenkenswert: Sie als Arbeitskraftanbieter haben zwar schon im Vorstellungsgespräch Ihre Fragen an das Unternehmen gestellt, aber wie sieht es denn mit den anderen Punkten aus: Mit welchen Persönlichkeitsstrukturen sind Sie bei Ihren potentiellen Vorgesetzten konfrontiert? Was könnte deren Motivation sein – allgemein, bezogen auf das Unternehmen, bezogen auf Sie? Wie schätzen Sie die menschliche und fachliche Kompetenz Ihrer Gesprächspartner, des Unternehmens ein? Schwant Ihnen da etwas? Blühen da etwa die Neurosen (s. S. 98 ff.)?

Mit der Ausgangsposition Ihres Gegenübers hatten Sie sich ja bereits vorab beschäftigt, ebenso wie mit der Informationsrecherche zur möglichen Arbeitsaufgabe, zu Position und Branche. Was läuft da wirklich, was hat man mit Ihnen vor? Wie ist man mit Ihnen umgegangen, wie sind Sie angesprochen worden, wie wurden Ihre Fragen beantwortet?

Und nicht nur Sie sind »gemustert« worden (Schuhe, Schmuck, Krawatte, Frisur), auch das Unternehmen und seine Repräsentanten haben ein Äußeres. Welcher Verkleidungsstil kennzeichnet das Unternehmen, und wie ist man vor Ort ausgestattet? Wie sind die Wände dekoriert, wie ist der Fußbodenbelag, was steht bei Ihrem Gesprächspartner auf dem Schreibtisch, und welche Bildchen oder Sprüche hat die Sekretärin an der Wand? (»Als Gott die Gehälter der Mitarbeiter dieses Raumes sah, drehte er sich um und weinte bitterlich.«)

In welchem Zustand ist das Mobiliar, und welcher technische Standard ist bei der Bürokommunikation erreicht? Welche Größe haben die Räume, wie gestaltet sich der Blick nach draußen?

Wie sieht es einige hundert Meter vor dem »Tatort« Ihres »Bühnenvorstellungsauftrittes« aus? Brüllen sich die Mitarbeiter auf dem Flur an? Grüßt man sich und Sie (»Mahlzeit«)? Riecht man die Kantine im ganzen Haus, oder stinkt es aus der Toilette? Überhaupt: Wie ist die »Kultur« an diesem Örtchen? Wie – entschuldigen Sie bitte den Assoziationsverlauf – ist die allgemeine Unternehmenskultur?

Sie sehen schon (bzw. hören, riechen, schmecken – z. B. in der Kantine): Das alles sind wichtige Orientierungspunkte, die Ihr Vorwissen und Ahnen über den potentiellen Arbeitgeber entscheidend ergänzen, abrunden. Damit tragen Sie wesentlich zu Ihrer Entscheidung bei, ob Sie Ihre Lebenszeit und Arbeitskraft hier investieren sollten oder besser nicht.

Denken Sie an Ihren jetzigen Arbeitsplatz und daß es Ihre ursprüngliche Intention war, sich zu verbessern.

Nachbereiten

Wir wissen nicht, was Frau Lot sah, als sie sich umdrehte, und auch Herr Lot konnte diesbezüglich keine präzisen Angaben machen. Wir jedoch empfehlen Ihnen nach einem Vorstellungsgespräch auf jeden Fall einen Blick zurück, wenn auch nicht im Zorn.

Wie ist das Vorstellungsgespräch gelaufen? Mit welchen Fragen haben Sie gerechnet, mit welchen nicht? Was ist Ihnen gelungen, was weniger? Was könnten Sie jetzt mit mehr Gelassenheit und Nachdenkzeit besser beantworten? Worauf müssen Sie sich beim nächsten Mal intensiver vorbereiten? Was haben Sie aus all dem gelernt?

Zu diesen wichtigen Nachbereitungsaktivitäten gehört vor allem die Erstellung eines möglichst ausführlichen Gedächtnisprotokolls des gesamten Gesprächsablaufes inklusive aller Personen und deren Namen, die Ihnen begegnet sind. Wenn Sie wissen, wie die Sekretärin des Personalchefs heißt, können Sie diese beim nächsten Telefonat persönlich ansprechen. Vielleicht hilft's, und Sie bekommen durch Ihre nette Ansprache den großen Chef persönlich ans Telefon, obwohl seine Sekretärin ansonsten generell alle Anrufer an diesem Tag abwimmelt.

Hoffentlich haben Sie am Ende Ihres Vorstellungsgesprächs eine Information erbeten bzw. erhalten, wie und wann der Entscheidungsprozeß weitergeht. Natürlich müssen Sie jetzt erst einmal einige Tage abwarten und sehen, ob sich etwas tut. Es sei denn, Sie haben etwas anderes vereinbart. Üben Sie sich in Geduld, und fragen Sie nicht vor Ablauf einer Frist von fünf bis maximal sieben Tagen telefonisch nach, was aus Ihrer Bewerbung geworden ist.

Sollten Sie allerdings vier Wochen verstreichen lassen, ohne sich interessiert zu zeigen und nachzufragen, wird das sehr wahrscheinlich gegen Sie ausgelegt. Eine von Ihrem Gesprächspartner zu verantwortende lange Wartezeit spricht aber auch gegen Ihren potentiellen Arbeitgeber – denn: Man läßt Kandidaten nach einem Vorstellungsgespräch nicht längere Zeit ohne Zwischenbescheid im unklaren.

Nachfassen

Zu den besonderen Tricks, sich als Bewerber von anderen deutlich abzuheben, gehört der Nachfaßbrief. Ein bis maximal drei Tage nach Ihrem Auftritt abgeschickt, wird dieses Schreiben Ihren Gesprächspartner (deshalb sind Namen so wichtig!) veranlassen, sich erneut mit Ihnen zu beschäftigen. In diesem Brief bedanken Sie sich nicht nur für das interessante Gespräch, sondern knüpfen an das an, was offen geblieben ist, was Sie noch nachtragen möchten etc.

Im wesentlichen geht es darum, mit dieser Aktion (eine Seite reicht vollkommen aus, evtl. sogar handschriftlich) deutlich zu machen, daß Sie sehr interessiert bzw. motiviert sind, verstanden haben, worum es geht, und gerne bereit sind, das wunderbare, inhaltsvolle Gespräch (bitte, das meinen wir jetzt ironisch!) jederzeit weiter fortzusetzen, daß Sie am liebsten aber natürlich Ihre ganze Arbeitskraft für das Unternehmen einsetzen wollen.

Achtung: Machen Sie so etwas plump oder gar blöd (vielleicht auch nur ungeschickt oder langweilig) und ist das Vorstellungsgespräch eher schwer und schleppend verlaufen, gewinnen Sie nichts (logo, vielleicht gehörten Sie ja bereits schon nicht mehr in die engere Kandidatenwahl). Gelingt es Ihnen aber, nach einem gut verlaufenen Gespräch in dieser Brief-Aktion intelligent »einen draufzusetzen«(s. Beispiel S. 142), verbessern Sie Ihre Chancen, unter die ersten drei Plätze (wenn nicht gleich an die Spitze) zu kommen.

Dabei kann es sich sogar lohnen, maßgeschneiderte, individuelle Briefe an die unterschiedlichen Hauptakteure des Vorstellungsgesprächs zu schicken. Wir denken dabei an den Personalchef bzw. seinen Vertreter auf der einen und den Fach-Abteilungsleiter bzw. den unmittelbaren Vorgesetzten auf der anderen Seite, wenn Sie deren Bekanntschaft gemacht haben. Bisweilen tut es aber auch ein einzelner Brief an den potentiellen zukünftigen Chef.

Daß hier in diesem Brief allergrößte Sorgfalt an den Tag gelegt und die Verkaufsbotschaft sorgfältig abgewogen werden muß, versteht sich eigentlich von selbst. Worum kann es in so einem Schreiben gehen, und was ist zu berücksichtigen?

1. Sie danken Ihrem Gesprächspartner für Zeit und Interesse.
2. Sie arbeiten noch einmal die drei wichtigsten »Verkaufsargumente« heraus, die für Sie sprechen und von denen Sie annehmen können, daß der Briefempfänger diese wertzuschätzen weiß. Dieser von Ihnen wohlformulierte Briefabsatz wird Sie vor dem geistigen Auge Ihres potentiellen Arbeitgebers neu aufleben lassen und als wichtigen und ernstzunehmenden Kandidaten weit vorne ins Bewußtsein heben.
3. Setzen Sie etwaigen Negativeindrücken bzw. Mankos, die im Vorstellungsgespräch offensichtlich geworden sind, etwas entgegen, räumen Sie z. B. ein, daß Ihre Erfahrungen auf dem Sektor XY noch nicht so fundiert sind, Sie jedoch aufgrund von ... meinen, Sie hätten etwas anzubieten. Vermeiden Sie jedoch, alles rechtfertigen zu wollen oder sogar neue gravierende Negativmerkmale zu »betonieren«. Führen Sie dabei keine negativen Aspekte an, die Ihr Gegenüber übersehen, vergessen oder als irrelevant eingeschätzt haben könnte. Wiederholen Sie auch keine Schwachpunkte, denen Sie nicht wirklich etwas entgegenzusetzen wissen.
4. Als positiver Abschluß des Briefes könnte Ihnen ein gut formulierter Absatz dienen, der einen neuen, zusätzlichen Kompetenzaspekt in Be-

zug auf die angestrebte Position beinhaltet und im Vorstellungsgespräch noch nicht von Ihnen herausgestellt werden konnte.

Aus gutem Grund wollen wir Ihnen hier nur einen detaillierten Formulierungsvorschlag für den Nachfaßbrief machen. Sie sollten aber Ihrer Phantasie, Ihrer Kreativität freien Lauf lassen, ansonsten müssen Sie befürchten, daß Mitbewerber ähnliche Texte aufsetzen. Versuchen Sie also, Ihren eigenen Stil zu entwickeln.

Claudia Boller

Wilsnacker Str. 10
33619 Krefeld
☎ 03 44 73 / 37 91 23

Internationale Liegenschaftsbank
Personalabteilung
Frau Schauw
Wilhelmplatz 6

10100 Berlin

Berlin, 08.12.1998

Vorstellungsgespräch am Freitag, den 07.12.1998
Meine Bewerbung als Organisationsentwicklerin

Sehr geehrte Frau Schauw,

vielen Dank für das informative Gespräch. Besonders die offene, herzliche Gesprächsatmosphäre und Ihre Erläuterungen über Aktivitäten und Ziele bis hin zur Unternehmenskonzeption der ILG fand ich äußerst spannend. Dies alles bestärkt mich in meinem Wunsch, bei Ihnen tätig sein zu dürfen, mein Wissen und Engagement für die Optimierung der Organisation voll einzubringen.

In einem so kurzen Zeitraum des Sichkennenlernens, wie es das Vorstellungsgespräch nun einmal ist, fällt es mir nicht leicht, die Eigenschaften herauszustellen, die mich besonders für die zu besetzende Position qualifizieren. Im nachhinein möchte ich gern hinzufügen, daß meine

- fundierten kaufmännischen Kenntnisse als Groß- und Außenhandelskauffrau
- Erfahrungen in der Projektarbeit (Studium, Diplomarbeit)
- Kommunikations- und Lernfähigkeit
- mein persönliches Organisationstalent
- sowie meine Eigenschaft, Ziele nicht aus dem Auge zu verlieren

gute Voraussetzungen für die Organisationsentwicklung darstellen.

Nachdem Sie mir eine Hotelunterkunft für den Start in Aussicht gestellt haben, bin ich gern bereit, meinerseits alles Erforderliche zu tun, um am 02. Januar 1999 bei Ihnen anfangen zu können.

Ich freue mich darauf, von Ihnen zu hören und verbleibe

mit herzlichen Grüßen

Claudia Boller

Wiedersehen – das zweite Vorstellungsgespräch

Bewerber, die nach der ersten Vorstellungsrunde in die engere Wahl kommen, werden in der Regel zu einem zweiten, manchmal sogar zu einem dritten Gespräch eingeladen. Hier geht es darum, offen gebliebene Fragen ausführlich abzuklären, noch einen besseren persönlichen Eindruck zu bekommen und Sie als Kandidaten Ihren potentiellen Kollegen vorzustellen, um ggf. auch deren Meinung mit zu berücksichtigen.

Geschickte Gesprächsführung Ihrerseits, neue interessante Fragen, Ihre angemessen zunehmende Bereitschaft, etwas mehr von Ihrer Privatseite zu zeigen, können Ihre Position im kleinen Kreis der wichtigsten Bewerber stärken. Jetzt geht man schon mehr in die wirklichen Details, und sehr bald ist auch der Zeitpunkt erreicht, an dem die Gehaltsfrage intensiver erörtert wird.

Oftmals werden erst jetzt in dieser zweiten Runde die Arbeitsbedingungen und Gehaltswünsche richtig verhandelt. Seien Sie also informiert, was man für die Position, für die Sie sich bewerben, in der Regel an Gehalt erwarten kann. Je nachdem, welche Qualifikation, vielleicht sogar Vorerfahrung Sie einbringen und welche zukünftige Leistung Sie glaubwürdig in Aussicht stellen, werden sich Ihre Gehaltswünsche realisieren lassen.

Zeigen Sie aber auch bei den Gehaltsverhandlungen Besonnenheit, und vermitteln Sie nicht den Eindruck, daß es Ihnen nur ums Geld geht. Beide Seiten – Arbeitgeber und Arbeitnehmer – müssen einen tragbaren Kompromiß in der Gehaltsfrage finden. Vereinbaren Sie z. B., daß nach einer Einarbeitungsphase (halbes/dreiviertel Jahr) Ihr Gehalt automatisch um x Prozent angehoben wird.

Verdeutlichen Sie sich und Ihrem Arbeitgeber in jedem Fall: Sie sind nicht bereit, Ihre Arbeitsleistung unter Wert zu »verkaufen«. Den richtigen Preis für Ihre Leistung zu bestimmen ist eine Aufgabe, die mit zu den wichtigen Vorüberlegungen gehört. Daß es da unterschiedliche Auffassungen geben kann, liegt in der Natur der Sache.

Ziel eines zweiten Vorstellungsgespräches ist es, unter der reduzierten Gruppe von Bewerbern (in der Regel zwei bis vier Kandidaten) durch intensives Fragen noch mehr Informationen zu bekommen. Dabei geht es um die Überprüfung, ob der Sympathiebonus, den sich der Bewerber im ersten Gespräch erworben hat, standhält und verstärkt wird. Eine gezielte Hinterfragung kann den Bewerber durchaus in Verlegenheit bringen, so daß er sich in dieser Streßsituation dann eventuell von einer besonderen, negativen Seite zeigt. Seien Sie also auf diese Aspekte eingestellt und auf der Hut.

Frustrationstoleranz – zum Umgang mit Absagen

Sie hatten eine Einladung zum Vorstellungsgespräch und die Gelegenheit, das Unternehmen und seine Repräsentanten kennenzulernen. Auf Unternehmensseite wollte man Sie kennenlernen. Für den Fall, daß das Ergebnis eine Absage beinhaltet – egal von welcher Seite – bitte bedenken Sie folgendes:

Bewerbungssituationen und insbesondere Vorstellungsgespräche sind klassische Prüfungssituationen, die uns im Grunde genommen »lebenslänglich« begleiten. Prüfungen sind Rituale, in denen eine Anpassungsleistung gefordert wird. Meistens handelt es sich um Initiationsriten, deren erfolgreiches Über- und Bestehen mit der Prämie eines Ein- und/oder Aufstieges honoriert wird (z. B. von der Auszubildenden zur Angestellten, von der Sachbearbeiterin zur Abteilungsleiterin, vom Arbeitsplatzsuchenden zum Mitarbeiter).

Prüfungen und Initiationsriten sind Ausdruck des ewigen Kampfes der Generationen (laut E. Stengel) und der Auseinandersetzung zwischen den Mächtigen und den Machtlosen in der Gesellschaft (vergl. O. Fenichel, *Aufsätze*, Bd. II, Olten, Freiburg 1981, S. 166). Bei Frauen, die sich in der Mehrzahl in der Bewerbungssituation mit Männern als Arbeitsplatzvergebern konfrontiert sehen, kommt noch der »Kampf der Geschlechter« hinzu.

Wer Bewerbungsrituale, Auswahlprozeduren und Vorstellungsgespräche »erfolgreich« überstanden hat, bietet gute Gewähr, an die herrschenden Normen angepaßt zu sein und auch in Zukunft nicht aufzumucken.

So gesehen ist das ganze Leben eine Art Prüfung, ein Kette von Anpassungsleistungen und somit auch Bewerbungssituationen. Da ist unsere erste Vorstellung direkt nach der Geburt, da haben wir später um den einen oder anderen Liebespartner geworben, und der möglicherweise letzte Auftritt vor dem »großen Boß«, unser Rechenschaftsbericht, dient ebenfalls der Prüfung, der Selektion in Richtung »Himmel oder Hölle«.

Gegenstand dieses Buches waren nicht die zahlreichen schulischen oder Berufsausbildungs-Abschlußprüfungen, sondern die besondere Berufseingangsprüfung Vorstellungsgespräch.

Dabei haben wir uns bemüht, Ihnen in diesem Buch das Know-how für das erfolgreiche Überstehen dieser Prüfung (= Anpassungsleistung), die Erfüllung der gesetzten Normen zu vermitteln.

An dieser Stelle wollen wir nochmals zu bedenken geben, daß jede/r für sich selbst überprüfen und entscheiden muß, wie weit sie/er in ihrer/seiner Anpassungsbereitschaft und damit auch Anpassungsleistung in einer Bewerbungssituation gehen will. Diese muß sich um der Zielerreichung willen lohnen. Lohnt sie sich wirklich? Dies ist die Frage, die Sie sich selbstkritisch immer wieder stellen müssen. Vergessen Sie nicht, daß sich in der Prüfungssituation Vorstellungsgespräch die Prüfer ebenfalls auf dem Prüfstand befinden. Auch Sie als BewerberIn haben das Recht und die Pflicht zu prüfen, speziell was die Neurosen der Chefs anbetrifft ...(s. S. 98).

Was immer die Gründe für eine etwaige Absage sein mögen: Es muß nicht an Ihnen liegen. Bedenken Sie, was Ihnen bei dem Unternehmen vielleicht erspart geblieben ist. Bewerben Sie sich weiter, geben Sie auf keinen Fall auf, und verdeutlichen Sie sich immer:

Wir sind nicht auf der Welt, um so zu sein,
wie andere uns haben wollen.

Das Wichtigste auf den Punkt gebracht

Die häufigsten Fehler und wie Sie diese vermeiden:

- Ein Kardinalfehler von Bewerbern ist die unzureichende Vorbereitung auf die Prüfungssituation Bewerbung.
- Die innere Vorbereitung – die richtige Einstellung zur Einstellung – ist ein entscheidender Faktor.
- Es ist nicht leicht, aber sehr wichtig, vorab herauszufinden, wer man ist, was man kann, was man will und was möglich ist.
- Recherchieren geht vor Probieren. Wer mehr über den Adressaten seiner Bewerbung weiß, ist eindeutig im Vorteil.
- Arbeitsplatzsuche und Sich-Bewerben ist Schwerstarbeit.
- Die Essentials sind Ihre Persönlichkeit, Leistungsmotivation und Kompetenz.
- Der Einsatz des Mediums Telefon kann sehr hilfreich sein für die Informationsnachfrage, die Bedarfsklärung, die Nachfaßaktion.
- Vergessen Sie nie: Es geht um Werbung in eigener Sache, um Ihr »Produkt« Arbeitskraft.
- Selbstdarstellung will geübt sein. Auch ein Schauspieler muß seine Rolle gut einstudieren, muß sich vorbereiten und üben.
- Die Fragen des Vorstellungsgespräches stehen vorher bereits fest. Überlegen Sie sich vorab Ihre Antworten und die Tendenz Ihrer Präsentation.
- Bereiten Sie sich gezielt auf Ihr Gegenüber vor (Person, Institution, Aufgabe).
- Als Bewerber sollten Sie wissen, was und wie Sie etwas sagen wollen. Insbesondere aber muß Ihnen klar sein, was Sie nicht sagen wollen und wie Sie mit Worten schweigen.
- Es geht im Vorstellungsgespräch primär um Sympathie, Leistungsmoti-

vation und Kompetenz. Sympathie müssen Sie gewinnen, Leistungsmotivation und Kompetenz werden Ihnen attribuiert.

- Verdeutlichen Sie sich: Sie bestimmen den Vorstellungs-Gesprächsverlauf weitestgehend mit.
- Angemessene, selbstbewußte Gelassenheit und höfliche Konzentration kennzeichnen einen erfolgreichen Bewerber.
- Das per Grundgesetz geschützte Persönlichkeitsrecht setzt dem Fragerecht des Arbeitgebers Grenzen. Wo er es überschreitet, dürfen Sie ungestraft lügen.
- Es gibt keine unangenehmen Fragen im Vorstellungsgespräch, wenn Sie die richtige Einstellung haben, gut vorbereitet sind und somit angemessen antworten können.
- Was immer man in der Gesprächssituation gegen Sie einwendet, es kommt darauf an, wie Sie damit umgehen.
- Sprechen Sie nie negativ über ehemalige Vorgesetzte, Kollegen oder Arbeitsplatzbedingungen.
- Versuchen Sie nicht, perfekt zu erscheinen, räumen Sie auch ruhig mal ein, etwas nicht zu wissen, getan oder bedacht zu haben. Präsentieren Sie sich auf keinen Fall rechthaberisch oder kleinkariert.
- Ausdauer, Geduld und Gelassenheit sind die wichtigsten Eigenschaften im Bewerbungsmarathon.

Die wichtigsten 11 Bewerber-Verhaltensregeln für das Frage- und Antwort-»Spiel«:

- Hören Sie aufmerksam und konzentriert zu
- Halten Sie angemessenen Blickkontakt
- Beobachten Sie genau (ohne zu mustern)
- Überlegen Sie, bevor Sie antworten, nehmen Sie sich die Zeit
- Scheuen Sie sich nicht, nachzufragen
- Reden Sie lieber etwas weniger als zuviel
- Lassen Sie Ihren Gesprächspartner (aus-)reden
- Warten Sie ab, stehen Sie auch mal eine kleine Gesprächspause durch

- Seien Sie lieber etwas zu zurückhaltend als zu forsch
- Beherschen Sie Ihre Gestik und Mimik
- Bleiben Sie immer sachlich, ruhig, geduldig und gelassen.

»Vom Bücherwurm zum Werbeassistent«

Protokoll eines Vorstellungsgesprächs

Hier das (geringfügig gekürzte) sehr akribisch angefertigte Gedächtnisprotokoll eines Vorstellungsgespräches. Es ging um die Position als erster Assistent des Leiters im Bereich Werbung / Verkaufsförderung / PR in einem mittelständischen Industrieunternehmen in Süddeutschland mit rund 600 Mitarbeitern (Spezialmaschinenbau). Das Gespräch dauerte etwa eine Stunde.

Der Kandidat, Herr K., ist 32 Jahre, unverheiratet und hat eine Ausbildung als Industriekaufmann sowie ein Sprachenstudium als Übersetzer absolviert (Französisch, Englisch). Zudem verfügt er über eine gerade abgeschlossene Zusatzausbildung im Bereich Industrie-PR. Er bewirbt sich aus ungekündigter Position heraus.

Die Gesprächsteilnehmer:
Der Firmeninhaber, Herr Dr. H.,
Herr D., Leiter der Werbeabteilung – mein eventueller zukünftiger Vorgesetzter,
Herr Sch., Leiter der Personalabteilung,
Herr V., Gruppenleiter Personalbeschaffung und Vertragswesen

Zunächst Händeschütteln, man stellt sich vor. Herrn H. habe ich sofort namentlich angesprochen, weil ich wußte, er ist der Chef.

Auf sein Drängen hin erfolgt zunächst einmal die Reisekostenerstattung. Ich erhalte 60 EUR in einem Briefumschlag und unterschreibe den Beleg, ohne das Geld im Briefumschlag geprüft zu haben. (Es ist eigentlich zuwenig, das Bahnticket war teurer, aber ich thematisiere das nicht.)

Herr Sch. (Personalchef): **Bei uns laufen Vorstellungsgespräche immer so ab: Sie erzählen zunächst etwas über sich, dann stellen wir Ihnen Fragen.**

Zunächst einmal vielen Dank für Ihre Einladung. Gerne erzähle ich etwas über mich: Also ich bin am 30. Oktober 1965 in München geboren …

Ich merke eine leichte Unruhe, man macht sich auf das Übliche gefaßt.

… ,das heißt, ich bin vom Sternzeichen her Skorpion, und die gelten bekanntlich als besonders leidenschaftliche Menschen. Meine Leidenschaften haben sich schon früh entwickelt. Angefangen hat es mit der Literatur. Ich habe schon immer gern gelesen, war ein richtiger Bücherwurm. Diese Leidenschaft für Bücher wurde bei uns zu Hause sehr gefördert, ich bekam laufend Bücher geschenkt. Daraus entstand meine zweite Leidenschaft: das Schreiben. Diese Liebe verdanke ich meiner Mutter, die sich die Mühe gemacht hat, jedes Buch, das wir in der Schule gelesen haben, auch zu lesen, um mit mir zusammen meine Aufsätze zu schreiben. In der Klasse habe ich auch immer gerne vorgelesen und konnte meine Klassenkameraden oft zum Lachen bringen durch Beiträge in Diskussionen, die hintergründig witzig waren. Und das ist meine dritte Leidenschaft: Ich bin kommunikationsfreudig und diskutiere gerne, weil ich die Erfahrung gemacht habe, daß Diskussionen, Gespräche überhaupt, einen bei Problemen wirklich weiterbringen können.

Herr Sch.: **Darf ich Sie fragen: Was machen Ihre Eltern beruflich?**

Meine Mutter war von Beruf Bibliothekarin, mein Vater war bis vor kurzem Entwicklungsleiter in einer Stahlbaufirma.
Der Personalchef macht sich eifrigst Notizen.
Zurück zu meinen Leidenschaften?
Alle grinsen.
Die beschriebenen Leidenschaften waren dann wohl auch dafür verantwortlich, daß ich meine Leistungskurse in der Schule entsprechend wählte, aber auch nach der Ausbildung das Sprachenstudium. Im Studium gesellte sich dann eine vierte Leidenschaft hinzu: die Technik – was mich selber zunächst überraschte. Auf dem Markt für ausgebildete Übersetzer sind

Techniker ganz besonders gefragt. Aber daß Technik richtig spannend ist, habe ich meinen Dozenten zu verdanken, die den Funken überspringen lassen konnten.

Während meines Studiums kamen mir Zweifel. Denn übersetzen heißt, Texte von einer Sprache in die andere zu transformieren, ich aber wollte ja auch selber schreiben. Richtige Einblicke in den Alltag eines Übersetzers im Übersetzungsbüro bekam ich während meines Auslandsemesters. Die meiste Zeit saßen die Übersetzer wie hypnotisierte Kaninchen vor den Bildschirmen und hatten wenig Kontakt zu anderen Menschen. Übersetzen macht mir zwar Spaß – nach wie vor – aber der Kontakt zu Menschen würde mir als kommunikativem Mensch doch sehr fehlen – dies wußte ich sehr schnell.

Herr Sch.: **Warum haben Sie eigentlich ausgerechnet in Frankfurt studiert?**

Nun, zu meiner Zeit – ich sage meine Zeit, weil ich ja nun auch nicht mehr so jung bin – mein Studium liegt also schon einige Jahre zurück.
Der Chef und der Werbeleiter lachen.
Also zu meiner Zeit konnte man »Übersetzen« nur an drei Universitäten in Deutschland studieren: In Heidelberg, Saarbrücken und Frankfurt. Und weil ich ja ausgebildeter Industriekaufmann bin und einen Bezug zur Wirtschaft habe, dachte ich, Frankfurt wäre nicht schlecht. Und später hat sich das auch bewahrheitet, denn in meiner PR-Arbeit für eine Industriebank spiegeln sich mein Hintergrundwissen zur Wirtschaft und mein Interessensgebiet Technik gut wider.

Herr H. (der Firmeninhaber): **Machen Sie die ganze Pressearbeit allein?**

Die englischen und französischen Texte schon, da wird mir lediglich der Rahmen vorgegeben, aber wie ich das sprachlich umsetze, bleibt mir überlassen; die deutschen Pressetexte nur zum Teil.

Herr H.: **Richten Sie sich bei den englischen und französischen Texten nach dem deutschen Original?**

Sicher, ich habe ja gesagt, der Rahmen ist mir vorgegeben, ich weiß also genau, welche Sachinformationen ich in den Pressetexten vermitteln muß.

Während meiner Berufstätigkeit für die Industriebank habe ich mir wiederholt die Frage gestellt, ob wir nicht im Verbund eine bessere Öffentlichkeits- aber auch Pressearbeit betreiben könnten und welche Alternativen sich hier anbieten würden. Also habe ich angefangen, Fachliteratur zu lesen und bin auf Fortbildungsprogramme gestoßen.

Dann habe ich mich für die Fortbildung bei der Deutschen Akademie für Public Relation entschieden, weil mir dies am sinnvollsten erschien, auch aufgrund der Tatsache, daß ich diese Ausbildung berufsbegleitend machen konnte.

Dr. H.: **Wie lief denn diese Fortbildung konkret ab?**

Es gibt eine offene und eine geschlossene Ausbildung. Die geschlossene Ausbildung ist primär für Akademiker gedacht, die im angestrebten Beruf noch keine Anstellung gefunden haben. Die offene Ausbildung kann man berufsbegleitend machen. Man braucht aber Berufserfahrung, speziell um Sachverhalte auch beurteilen zu können. Zum Beispiel ging es um Fragen wie: Ein Unternehmen hat eine negative Presse erhalten. Wie kann man reagieren? Was ist möglich, was nicht? Warum sollte man sich unter bestimmten Rahmenbedingungen so und nicht anders verhalten?

Herr Sch. (Personalchef): **Warum wollen Sie eigentlich die Stelle wechseln?**

Weil meine jetzige Stelle für mich kein weiteres Entwicklungspotential mehr hat. Das Betriebsklima ist zwar gut, die Kollegen sind sehr nett, mit meinem Chef komme ich prima klar, die Arbeit macht auch noch Spaß, aber sie stellt schon eine gewisse Zeitlang für mich keine wirkliche Herausforderung mehr dar.

Herr Sch.: **Was verstehen Sie unter Entwicklungspotential, und warum ist Ihre derzeitige Aufgabe für Sie keine Herausforderung mehr?**

Entwicklungspotential bedeutet für mich, mehr Verantwortung übertragen zu bekommen. Und was die Herausforderung anbetrifft, kann ich sagen, daß die Position, die ich jetzt innehabe, mit mir mitgewachsen ist. Ich habe aktiv dazu beigetragen, daß dieser Bereich für wichtig gehalten wird. Aber ich weiß wohl auch, daß es da Grenzen gibt. Und wenn ich nach der Arbeit merke, ich habe noch so viel Kraft und Ideen und meine Leistungsgrenze noch nicht erreicht, dann finde ich das irgendwie schade.

Herr V.: **Wo liegen denn die Grenzen Ihrer Belastbarkeit?**

Nun, Sie könnten ja die Gelegenheit wahrnehmen, dies bald selbst auszuloten, wenn Sie sich für mich entscheiden!

Herr Sch.: **Was versprechen Sie sich eigentlich von einem Wechsel zu uns?**

Ich verbinde damit die Vorstellung und Hoffnung, mein sprachliches Repertoire voll ausschöpfen zu können. Ich verspreche mir weiter die Möglichkeit, mich technisch weiterzuqualifizieren – gerade durch die enge Zusammenarbeit mit den technischen Experten in Ihrem Haus. Und daß Sie wirkliche Experten sind auf Ihrem Gebiet habe ich bereits bei der Vorbereitung auf dieses Vorstellungsgespräch in Erfahrung bringen können. Die Wirtschaftsredaktion der »Süddeutschen Nachrichten« hat mir freundlicherweise Archivmaterial zur Verfügung gestellt, und in einem persönlichen Telefonat mit dem Ressortleiter wurde Ihr Unternehmen als innovatives und technisch flexibles Spezialmaschinenbauunternehmen gelobt. Das ist für mich aus Sicht der Öffentlichkeitsarbeit natürlich ganz besonders interessant.

Herr V.: **Wo sehen Sie sich beruflich, sagen wir in einem Jahr, in fünf und in 20 Jahren?**

In 20 Jahren – das kann ich mir schwer vorstellen. Zunächst aber suche ich eine interessante Aufgabe, die mich weiterbringt, und in einem Jahr möchte ich noch eine zusätzliche Prüfung für den PR-Bereich absolvieren.

Mein langfristiges Ziel ist es, Pressesprecher für ein Unternehmen zu sein, das technisch anspruchsvolle Produkte herstellt.

Herr V.: **Was nun aber, wenn wir in fünf Jahren keinen Pressesprecher brauchen? Würden Sie dann die Stelle wechseln?**

Lassen Sie mich klarstellen: Ich habe mir für mein Ziel, Firmenpressesprecher zu werden, keinen absolut konkreten Zeitrahmen gesteckt. Es gibt ja auch andere interessante Aufgaben im Bereich der Presse- und Öffentlichkeitsarbeit. Da bin ich schon flexibel.

Herr Sch.: **Apropos flexibel: Wie lange haben Sie eigentlich studiert? 12 Semester?**

Nein, acht Semester plus ein Semester für die Diplomarbeit. Und dann habe ich noch zwei zusätzliche Auslandsemester in Paris und London gemacht.

Herr Sch.: **Technische Übersetzungen, da muß man sich auch sehr gut in die Materie einarbeiten. Wie gehen Sie da vor?**

Die Basis bringe ich vom Studium mit, da gab es acht Stunden in der Woche technische Vorlesungen. Außerdem habe ich viel gelesen, um meine Kenntnisse zu vertiefen. Aber Sie haben ganz recht, technische Übersetzungen erfordern einen intensiven Umgang mit der Materie, um die es geht. Insofern ist der Unterschied zwischen Übersetzen und PR-Arbeit gar nicht so groß. In beiden Fällen muß man wissen, wovon man redet. Und in beiden Fällen ist auch die Recherche von ganz essentieller Bedeutung.

Herr Sch.: **Nun, Herr K., erzählen Sie uns doch einmal etwas über Ihre Stärken.**

Wissen Sie, die liegen immer auch im Auge des Betrachters. Ich persönlich würde meine Stärken so charakterisieren: ich bin neugierig und aufgeschlossen und kann mich leicht in neue Themengebiete einarbeiten. Außerdem kann ich klar und logisch denken. Ich habe ein Interesse an Technik und verfüge über Sensibilität. Pressearbeit bedeutet für mich, daß man abstrahieren können muß vom eigenen Wissensstand und sich auf das Gegenüber richtig einstellt.

Herr V.: **Das klingt ja interessant. Aber nun zu Ihren Schwächen.**

Ich bin vielleicht etwas ungeduldig. Nicht immer, aber bisweilen. Ich glaube das liegt daran, daß ich selbst sehr motiviert und einsatzstark bin und versuche, meine Arbeit so gut wie möglich zu machen. Mein größtes Problem ist dann Unprofessionalität, aber lassen Sie mich erklären: ich habe ein Problem mit Menschen, die sich nicht richtig bemühen, ihr Bestes zu geben. ... (es folgt eine Anekdote von der Anreise).

Herr V.: **Sie scheinen schon einen gewissen Hang zum Perfektionismus zu haben. Wie würden Sie reagieren, wenn Ihr Vorgesetzter einmal einen schlechten Tag hat?**

Nein, perfektionistisch bin ich glaube ich nicht. Jeder von uns hat einmal einen schlechten Tag, keiner von uns ist perfekt, Fehler passieren uns allen, das ist zwar nicht schön, man bemüht sich, aber sie passieren eben doch. Wenn ich mit einer Entscheidung meines Chefs nicht einverstanden bin, gehe ich zu ihm, lege meinen Standpunkt klar, begründe ihn und zeige Konsequenzen auf, die sich aus meiner Sicht ergeben könnten. Die Entscheidungskompetenz ist klar geregelt, und das kann ich auch akzeptieren. Aber gute Argumente hat sich mein Chef schon immer angehört, und manchmal hat er sich auch überzeugen lassen. Oft ist es natürlich umgekehrt.

Herr Sch.: **Haben Sie zur Zeit auch noch andere Bewerbungsverfahren laufen?**

Zur Zeit nicht, aber vor einer Woche hatte ich ein Gespräch bei Kienbaum, die suchten aber ganz schnell jemanden und da konnte ich nicht mithalten. Ich kann die Bank nicht Knall auf Fall verlassen. Das wäre nicht fair, so etwas mache ich nicht.

Dr. H.: **Was war denn Ihr größter Erfolg bisher und was Ihr größter Mißerfolg?**

Nun, fangen wir mal mit dem Mißerfolg an: Ich denke da zunächst an das Thema, das Sie schon angesprochen haben, das Studium hat etwas zu lange gedauert, und auch der Abschluß hätte besser sein können.

Als einen meiner größten Erfolge betrachte ich – auch vor dem Hintergrund, daß ich genau da meine berufliche Zukunft sehe – die kürzlich absolvierte Prüfung zum PR-Assistenten. Das besondere an dem Erfolg ist auch: Meine Konkurrenz bestand aus Mitarbeitern von PR-Agenturen und großen PR-Abteilungen.

Herr Sch.: **Wir möchten Sie auch von Ihrer privaten Seite kennenlernen. Was machen Sie in Ihrer Freizeit?**

Wie ich vorhin schon kurz angedeutet habe: Ich bin ein Bücherwurm. Diese Leidenschaft ist mir geblieben. Ganz besonders gern lese ich Siegfried Lenz und Max Frisch. Und in letzter Zeit habe ich auch ein Faible für gute psychologische Krimis entdeckt, wie zum Beispiel von Ruth Rendell. Außerdem treibe ich Sport: Joggen und Radfahren. Ich wandere auch sehr gerne und bewege mich gern an frischer Luft.

Herr Sch.: **Können Sie sich eigentlich vorstellen, hier nach ... (Kleinstadt) zu ziehen? Glauben Sie, daß Sie hier leben könnten, oder ist dieser Job hier bei uns nur ein Einstieg für Sie?**

Meinen Einstieg in den Beruf, auch in die Presse- und Öffentlichkeitsarbeit, habe ich doch eigentlich schon hinter mir. Ich arbeite ja schon seit fünf Jahren bei der XY-Industriebank. Und wenn ich mich hier so umschaue, dann glaube ich schon, daß ich mich hier in dieser Stadt wohlfühlen kann. Die Umgebung hat doch einiges zu bieten.

Herr D. (der Werbeleiter und potentielle direkte Vorgesetzte):
Jetzt möchte ich Sie mal etwas fragen. Ihr Lebenslauf zeigt schon eine Menge unterschiedlicher Stationen. Sind Sie eigentlich wechselhaft?

Stimmt, mein Lebenslauf zeigt unterschiedliche Stationen, auch an unterschiedlichen Orten. Aber wie gesagt, die Wechsel waren studienbedingt. Außerdem zeigt Ihnen mein Lebenslauf auch ein großes Stück Kontinuität, denn ich bin seit fünf Jahren bei der XY-Industriebank. Aber ich kann schon von mir sagen, daß ich flexibel bin.
Jetzt kommen Informationen über das Unternehmen. Mein Eindruck: Die Rollenverteilung ist klar festgelegt, denn jetzt übernimmt Herr D., der Chef der Werbeabteilung, das Wort. Er philosophiert auch über das Problem der Abgrenzung zwischen Werbung und PR. Vielleicht hätte ich hierzu persönlich Stellung nehmen können, denn mit den feinen Unterschieden hatte ich mich in meiner Ausbildung sehr intensiv auseinandergesetzt. Die Arbeitsplatz- und Aufgabenbeschreibung fällt eher mager aus.

Herr D.: **Ist Ihnen klar, daß Sie bei uns den ganzen Bereich Text abdecken müssen, von der Pressemitteilung über den Expertenbericht bis hin zur Anzeige?**

Ja sicher, aber das ist genau einer der Gründe, warum ich mich auf Ihre Anzeige hin beworben habe. Das macht ja die Sache für mich so spannend.
Der Werbechef, der eher versucht, mich abzuschrecken, muß jetzt zustimmend lächeln. Aber er hat schon wieder einen neuen Einwand:

Sie müßten hier aber bei uns alle Stories selbst recherchieren. Da gibt es keinen, der Sie unterstützen kann.

Ja natürlich, mir ist schon klar, daß diese Aufgabe anspruchsvoll ist. Aber das traue ich mir zu. Und sicherlich stehen Sie mir doch auch hin und wieder für einen Rat zur Verfügung.
Der Chef lacht und schnauft.

Herr D.: **Selbstverständlich. Eigentlich pflegen wir hier ein sehr offenes Klima. Die Türen stehen für Fragen immer weit offen. Auch über Hierarchiegrenzen hinweg.**

Der Werbechef guckt den Firmenchef verunsichert an. Dieser:
Jetzt können Sie uns etwas fragen.

Warum geben Sie als Unternehmen eine Hauszeitschrift heraus? Ich kenne das eigentlich nur aus der Versicherungsbranche, wo viele Mitarbeiter außerhalb des Unternehmens arbeiten.

Herr D.: **Die eigentlichen Empfänger unserer Hauszeitschrift sind unsere Kunden. Wir finden das nicht so ungewöhnlich für ein Unternehmen wie das unserige.**

Ich verkneife mir, ihn darauf hinzuweisen, daß es sich dann aber nicht um eine Hauszeitschrift, sondern um eine Kundenzeitschrift handelt und frage: Wird diese Position, um die ich mich hier bewerbe, neu geschaffen?

Herr D.: **Nein, gar nicht, diese Position hat in der einen oder anderen Weise schon immer existiert ...**

Er erklärt weitschweifig. Ich frage noch nach den Fort- und Weiterbildungsmöglichkeiten und wie die Einarbeitungsphase geplant ist. Auf beide Fragen bekomme ich keine ausreichenden Informationen, gebe mich aber zufrieden. Dann werde ich gefragt, wann ich frühestens verfügbar bin und wie meine Kündigungsfristen aussehen.

Herr Sch.: **Nun kommen wir mal zur Gehaltsfrage. Was verdienen Sie denn jetzt?**

Ich darf Ihnen auf diese Frage keine detaillierte Antwort geben, denn in unserer Bank ist vertraglich festgelegt, daß ich mich über das Gehalt ausschweigen muß. Es bewegt sich aber auf die 50 000 € zu, und das ist auch die Vorstellung, die ich für den Einstieg bei Ihnen habe.

Herr V.: **Auch bei uns gibt es solche Klauseln im Vertrag, aber etwas genauer würden wir es schon gerne wissen, wenn wir Sie einstellen sollen.**

Sicher, das verstehe ich, aber bitte haben Sie auch Verständnis dafür, daß ich mich an Vertragsvereinbarungen halte. Wie glaubwürdig wäre ich, wenn wir hypothetisch davon ausgehen, daß ich bei Ihnen einen Arbeitsvertrag unterschreibe?

Herr V.: **In Ordnung, Sie haben uns ja schon die grobe Richtung genannt. Also, ich habe Ihnen ja eingangs bereits gesagt: Dies ist nur eine erste Gesprächsrunde, um Sie kennenzulernen. Wenn Sie in die engere Wahl kommen, sehen wir uns wieder. Für heute vielen Dank ...**

Im Anschluß an das Gespräch habe ich das Mittel des Nachfaßbriefes (vgl. S. 139) eingesetzt. Hier mein Text:

> Sehr geehrter Herr Sch.,
>
> auf diesem Wege möchte ich mich für das interessante Gespräch mit Herrn Dr. H., Herrn D., Herrn V. und Ihnen am vorigen Montag bedanken. Die entspannte, offene und besonders freundliche Gesprächsatmosphäre hat mir gut gefallen.
>
> Ganz besonders die von Herrn D. so eindrucksvoll skizzierte Bandbreite, die es bei der Textgestaltung abzudecken gilt, und die Möglichkeit, ein unternehmenseigenes Medium – Ihre Kundenzeitschrift – journalistisch zu gestalten, reizen mich an der von Ihnen angebotenen Aufgabe.
>
> Aus meiner Sicht spricht für mich als den richtigen Kandidaten, daß ich die notwendige Neugier mitbringe, um interessante Stories aufzu-

spüren, und daß ich bei der Informationsrecherche einen sicheren Blick für das Wesentliche habe. Ich kann mich beim Schreiben flexibel auf die Erwartungshaltung unterschiedlicher Leser einstellen. Komplexe technische Sachverhalte angemessen zu vermitteln, sehe ich für mich als positive Herausforderung. Meine Kommunikationsstärke sowie meine Verbindlichkeit sind sicherlich ein großes Plus bei der Pflege von Kontakten zur Regional- und Fachpresse.

Die enge Zusammenarbeit mit der Werbeabteilung empfinde ich – speziell vor dem Hintergrund der unterschiedlichen Zielsetzung bei sich überschneidenden Zielgruppen – als sehr reizvoll. Sollten Sie aufgrund unseres Gespräches den Eindruck gewonnen haben, daß ich vielleicht als Großstädter eine längere Eingewöhnungsphase für Ihren Standort in ... brauche, dann seien Sie versichert, daß ich als naturverbundener Mensch, die landschaftlich reizvolle Lage und den hohen Erholungswert sehr zu schätzen weiß.

Ich bin an der von Ihnen angebotenen Aufgabe wirklich sehr interessiert und freue mich über eine Fortsetzung unseres Gespräches.

Mit herzlichen Grüßen aus Frankfurt

PS: Ihren Artikel im *Handelsblatt* zur Entwicklung des Maschinenspezialbaus habe ich gestern mit großem Interesse gelesen.